ちくま新書

天災と日本人
——地震・洪水・噴火の民俗学

畑中章宏
Hatanaka Akihiro

JN178756

1237

天災と日本人——地震・洪水・噴火の民俗学【目次】

第二章　地震と津波——常襲・避難・予知　091

序章　天災と国民性

†天災列島、日本

　ギリシャで生まれ、イギリスで育ち、アメリカを経由して、明治二三年（一八九〇）四月に来日したラフカディオ・ハーン（小泉八雲）は、島根県の中学校や、熊本県の高校で英語教師として勤めたあと、兵庫県神戸市で英字新聞『神戸クロニクル』の記者をしていたことがある。明治二七年一〇月二七日、ハーンは同紙に、「地震と国民性」（Earthquakes and National Character）という論説記事を発表している。ハーンはそこで、絶えず自然災害に見舞われるという日本の風土が、特徴的な文化を生み出したのではないかという仮説をもとに、独自の日本人論を展開した。

近年起こった大災害——明日が三周年に当たる岐阜の地震、比較的最近の鳥取と岡山の洪水、つい最近の山形の災難——は、実に国家的な不幸とも言うべき性質のものであった。

ここにいう「岐阜の地震」は、明治二四年（一八九一）一〇月二八日、岐阜県本巣《もとす》郡西根尾村（現在の岐阜県本巣市）を震源に、七〇〇〇人以上の死者を出した「濃尾地震」のことである。「鳥取と岡山の洪水」は明治二六年一〇月に襲った台風により、西日本の各地で起こった風水害をさす。岡山県では河川が氾濫し、島根県松江市では宍道《しんじ》湖が溢れて水浸しになるなど、山陽山陰地方に大きな被害をもたらした。明治二三年八月から一年三か月のあいだ松江に滞在したハーンにとって、大水害の報は気が気でなかったことだろう。

また「つい最近の山形の災難」というのは、明治二七年一〇月二二日に山形県庄内平野北部を震源に発生した「庄内地震」のことである。この地震で山形県酒田では大火災が発生し、総戸数の八割が焼失した。また、ハーンの論説記事が掲載された四か月ほど前の六月二〇日には、東京の下町と神奈川県横浜市、川崎市を中心に大きな被害を出した「明治東京地震」が発生している。八雲にとって、日本は神の国、精霊の国である前に、天災の国として強く認識されたに違いない。
曲折を経て、ハーンが過ごすことになった日本列島には、約二〇〇〇の活断層があると推定される。近年でいえば、平成一二年（二〇〇〇）から平成二一年にかけて日本付近で発生したマグニチュード五・〇の地震は全世界の一〇パーセント、マグニチュード六・〇以上の地震は約二〇パーセントにのぼる。台風、大雨、洪水、土砂災害、地震、津波、火山噴火、豪雪など、さまざまな自然災害が発生しやすい地理的環境にあり、世界でも災害の発生率が非常に高い、そんな環境のもとで日本の歴史は刻まれてきた。つまり日本の社会や文化、日本人の民俗的な生活感情は、災害と切り放して考えることができないのである。そしてハーンも、「地震と国民性」のなかでこのように記す。

……しかし、定期的に起こるそれぞれの災害の後に見られる日本人の素晴らしい回復力、あるいは苦難に際しての見事な忍耐力を、むしろ称賛すべきなのかもしれない。実際、回復力も忍耐力も独特なものである。そして、何千年にもわたって日本がまったく同じように苦しんできたことを考えると、そうした異常な条件が国民性に何らの影響を及ぼさなかったと信じることは難しい。

ハーンによると、日本の「物質的な存在」の特殊性は「不安定性《インスタビリティ》」にあり、この特徴は、ほとんどすべての日本の建造物の「かりそめ」の性質で実証されているという。日本で最も神聖な神社とされている伊勢神宮でさえも、伝統にもとづいて、二〇年ごとに建て替えられる。日本人は、自然の不安定に人工的な不安定を対置させることによって、厳しく荒々しい環境条件に対処してきたようだ。環境の不安定については、「根気、忍耐力、環境への自己順応性といった類まれな国民の能力の形成を予想できるかもしれない。そして、これらの能力こそ、まさしく日本人の中に見出す資質である」というのだ。

この記事が掲載されてから二年後の明治二九年（一八九六）、ハーンは東京帝国大学文科大学の英文学講師となり、また日本に帰化して「小泉八雲」を名乗ることになる。その頃ハーンが、ニューヨークの友人にあてて東京から送った手紙には、日本の近況がしたためられている。

洪水、家屋の倒壊、溺死。一連の自然災害の到来は、この国の森林伐採のせいだと思います。私が神戸を離れる直前に、ふだんは乾いて砂地がみえている川が雨の後、堤が決壊し、川の水が町中を一掃しました。その結果、数百戸の家屋が破壊され、一〇〇人が溺死したのです。……東部・中部地方では今も相当の地域が川の氾濫で水に浸かっています。琵琶湖の水面が上昇し、大津の町は水浸しです。

八雲が、明治二九年九月に発生した水害を衝撃をもって受け止めていたことがわかる。さらに急速な近代化の渦中にある日本の災害の原因を、大規模で非計画的な森林伐採に求めているのは慧眼ではないだろうか。この書簡には「東北地方の津波のことをご存知でしょう、たった二〇〇マイルの長さでしたが、約三万人の命が奪われました」と記されている。西日本の大洪水から三か月前、こんどは東北日本を大地震と大津波が襲っていたのだ。

八雲はその後、嘉永七年（一八五四）に発生した安政東南海地震津波をめぐる実話をもとに、「生神様《いきがみさま》」（A Living God）を執筆している。津波災害から村人を救うため、収穫間近だった自分の「稲むら」に火を放ち、村人を救った人物を「生神」と崇める民衆の心情に、八雲は日本人の天災観の一端をみたのである。

「地震と国民性」とニューヨークの友人にあてた手紙、そして創作「生神様」を読むとき、ハーン＝小泉八雲がこの島国を理解するために怪異譚や民間信仰への関心とともに、災害に強く心を寄せていたことがわかる。

†日本人の心性史の一端

明治日本を代表する啓蒙思想家である福沢諭吉は、東西文明の発達と特色、文明の本質などを論じた『文明論之概略』(一八七五年)で、「野蛮を去ること遠からざる時代」における、人々の災害に対する捉え方を次のように分析している。

……地震雷霆《らいてい》風雨水火、皆恐れざるものなし。山を恐れ海を恐れ、旱魃《かんばつ》を恐れ飢饉を恐れ、都《すべ》て其時代の人智を以て制御すること能《あた》はざるものは、之を天災と称して唯恐怖するのみ。或は此天災なるものを待て来らざる歟《か》、又は来て速《すみやか》に去ることあれば、乃《すなわ》ち之を天幸と称して唯《ただき》喜悦《えつ》するのみ。譬《たと》へば旱《ひでり》の後に雨降り、飢饉の後に豊年あるが如し。

福沢はさらに続けて、人々は天災を偶然に求め、人為の工夫をめぐらそうとするものがなかったと指摘する。そして、工夫することもなく「禍福」に遭った場合、「人情として」、その原因を人類以上のものに求めざるをえなかったという。

……即ち鬼神の感を生ずる由縁にて、その禍の源因を名《なづ》けて悪の神と云ひ、福の源因を名けて善の神と云ふ。凡《およ》そ天地間に在る一事一物、皆これを司る所の鬼神あらざるはなし。日本にて云へば八《や》百万《およろず》の神の如き是なり。

福沢が表明する民衆観はすこぶる近代的なものであり、民俗に属する人々の信仰や畏怖心から距離を置き、それを前近代的な「人情」と捉えて克服しようとする態度である。いっぽうで歴史学者の笹本正治は、福沢とは異なり、近代以前の民衆のおかれた状況、生活感情や信仰観念に寄り添った民俗的災害観を語っている（『天竜川の災害伝説』）。現代の人間は水害が起きると、気象条件や被害地の状況など、科学的な視点に立って原因を考え、対処しようとする。けれども近代以前の人々は違ったであろう。「災害の原因意識が私達と異なっていたのなら、水害に対処する方法も私達とは違っていたはず」であり、この点が明らかになれば「日本人の心性史の一端が見えてくるかもしれ」ないというのである。筆者も笹本と同じ問題意識と関心に立って、日本の災害を歩いてみたいと思う。そうするとおそらく、日本人は工夫もせず、悪の神を鎮め、善の神を祀るだけという福沢の考えが正しくないことが理解されるだろう。

＊

本書の中心をなす四つの章は、日本列島を繰り返し襲ってきた天災の種類で分けられている。第一章の「水害」は日本では最も頻繁に発生し、信仰や民俗の面でも語っておくべきことが少なくないことから、多くのページを割いた。

第二章の「地震と津波」も日本の代表的な天災であり、災害の規模も大きく、人的被害はもちろん、地域共同体を壊滅させる場合もある。また将来にわたって発生の可能性もあり、復興への道筋も合わせて、関心も高いことだろう。

第三章「噴火・山体崩壊」は日本列島の地質・地形に深く関与し、日本人が濃密なつきあいを持ち続けてきたものである。

第四章「雪害・風害」のうち、雪害は地域の発展を妨げてきた歴史が特筆されるが、今日では近代的交通網の分断という新たな課題に直面している。

第一章から読み進めていただいても、あるいは興味がある天災についてふれた章から読んでいただいてもいいと思う。

第一章

水害

——治水をめぐる工夫と信仰

1　平成二六年広島豪雨災害

†住宅地を襲った土石流

日本列島は国土の七割が山地や丘陵で、急傾斜な場所が多いため、大雨が降ると森林が吸収できる水量を超えて川へと流れ出す。そして、短時間に水かさが増すと、洪水などの災害が発生しやすくなる。また、水と土砂が流れ出る土石流や地すべり、がけ崩れなどが起こりやすい。こうして毎年、夏から秋には、日本のどこかが大水害にみまわれるのである。平成二六年（二〇一四）の八月も日本列島は大気が不安定な状況が続き、各地で大雨が発生したことはまだ記憶に新しい。

広島市では八月一九日から二〇日にかけて豪雨になり、二〇日の未明には斜面崩壊と土石流が発生。死者七四人という大災害が起こった。被害が大きかった広島市安佐南《あさみなみ》区八木《やぎ》地区と同緑井《みどりい》地区は太田川右岸の阿武山《あぶさん》（標高五八六メートル）の麓《ふもと》にあり、同じく可部《かべ》地区は太田川左岸の高松山（標高三三九メートル）の麓に位置する。斜面崩壊はこれらの山腹で発生し、渓流を流れ下って、渓流の出口にある家屋を襲った。八月二〇日の午後、『中国新聞』がネット配信した記事は、現場上空をヘリコプターから見た状況を記す。

……北方の同区八木、緑井地区では、山肌を爪でえぐったような筋が5、6本くっきりと見えた。ふもとの住宅地に向けてだんだん太くなり、茶色い水が川のように流れていた。なぎ倒された家屋や樹木が散らばり、1階が土砂で埋まった団地が目に入ってきた。（略）一帯の川はどれも濃い茶色に濁り、広島湾沖にまで広がっていた。

かつては佐東《さとう》町に属していた八木地区は、太田川に沿った細長い地域で、出雲地方に通じる雲石《うんせき》街道や渡し場があり、古くから水陸の交通の要衝だった。承平年間（九三一～九三八年）に書かれた『和名類聚抄《わみょうるいじゅしょう》』には「養我《ようが》」という地名が記され、一二世紀半ばの文書からは「八木」の名が登場する。中国山地西部の冠山《かんむりやま》を水源に広島平野を流下し、瀬戸内海に注ぐ太田川は、歴史上なんども洪水を起こして流路を変えてきた。八木地区のあた

泥で埋まった広島市安佐南区八木の市街地（提供：毎日新聞社）

りでは阿武山山麓に沿って馬蹄形に回り、大きく曲がって南下していたが、延宝二年（一六七四）の大洪水で巨岩が倒れ、それ以来、阿武山から離れたところを流れるようになったという。

広島県の県庁所在地で、中国・四国地方で最多の人口を擁する広島市は、太田川の下流に毛利氏の城下町として建設され、江戸時代を通じて、干潟の干拓により都市を拡大していった。昭和四六年（一九七一）以降は、周辺市町村との合併が進められ、昭和五五年には政令指定都市となり、昭和六〇年代に人口一〇〇万人を越えた。合併により広島市となった地域は、おもに山地や丘陵地で、今回大きな被害を受けた安佐南区も、ベッドタウンとして開発が進められ、昭和四八年に広島市に合併された。この土砂災害も、住宅地が山間部に拡大したことによる、「都市型山地災害」だといわれている。

広島市では平成一一年（一九九九）にも豪雨による土砂災害が発生し、「土砂災害防止法」制定の契機となった。しかし、その一五年後に再び、同様の災害にみまわれたのだ。

†「八木蛇落地悪谷」

この土砂災害を取り上げたテレビの情報番組のひとつが、被害が大きかった地域がかつては、「八木《やぎ》蛇落《じやらくじ》地悪谷《あしだに》」と呼ばれていたというふうに報じた。『産経新聞』のコラム「産経抄」（二〇一四年八月二七日）も、この情報を受け、「地名は警告する」と題して、「蛇が降るような水害が多かったので、悪い谷の名前がついたと、古くからの住民は説明する」と記した。八木蛇落地悪谷はその後、「八木上楽地芦谷《じょうらくじあしや》」と改名され、現在では「八木」だけが残ったと説明し、地図情報コンサルタントもこのように述べていると補足した。「蛇をあてることが多い「ジャ」は、土砂の流出を表す「崩壊地名」のひとつである。ただ、八木の「ヤギ」だけでも、岩石が流されて転がっている場所を示している」。たしかに、こういった土砂災害があった場所に、「蛇崩《じやくずれ》」「蛇抜《じやぬけ》」「蛇谷《じやたに》」といった地名がついている例が日本の各地でみられる。

八木地区をめぐる「崩壊地名」説は、インターネットを通じてまたたくまに広まり、ネットユーザーたちが史料や辞典を漁って検証し始めた。しかし、確実な情報は得られず、信憑性には疑問が残るという結論になり、騒ぎは終息した。だがそれでも、この地域が伝承や信仰に満ちた場所であることは間違いない。

今回の災害が、八木地区に伝わる「蛇王池《じゃおういけ》の伝説」と結びつけて語られることも少なくなかった。その伝説は次のようなものである。阿武山の中腹には大蛇が住み、里に下りてきては人々に危害を加えていた。そこに香川勝雄《かがわかつたか》という若武者が名乗り出て、大蛇の首をはねて退治した。大蛇の首からは川のように血が流れ出て、ついには沼ができ、大蛇はそこに沈んでいった。天文元年(一五三二)のことであり、大蛇の首が落ちたところには、由来を記した石碑が建つ。

安佐南区が広島市合併前に属した旧佐東町の町史には、阿武山を中心にした一帯は、古代から自然信仰の神の山として崇められ、中世以降は観音信仰の聖地になったと記されている。そして、八木上楽地の「蛇落地観世音菩薩堂」は、弘化四年(一八四七)一〇月に阿武山の山頂から降ろされたもので、本尊であったと考えられる高さ一・一二メートルと〇・五メートルの二体の観音木像があるという。これから述べるように観音信仰が水神信仰と結びつくことは、日本では古代から各地でみられることである。しかしこうした視点から、これまで八木地区は歩かれていないようである。

広島市八木地区への旅

『佐東町史』には、「蛇落地観世音菩薩」のほかに、観音堂や木彫仏の写真も掲げられていた。しかし、記述内容と写真の関連が不確かだったので、確認したいと思いたち、昨年（二〇一六年）の六月、「蛇落地観世音菩薩堂」を訪ねてみた。この調査にかんしては安佐南区役所と地元の郷土史家に協力をあおいだ。

蛇落地観世音菩薩立像（広島県広島市）

「蛇落地観世音菩薩堂」は、阿武山と東明寺山を背後にして建つ小さなお堂だった。厨子《ずし》の中に安置されていた「二体の観音木像」は、一体は木造の観音立像、もう一体は木造の毘沙門天立像だった。町史の写真では、観音像は腕が二本、頭上には化《け》仏《ぶつ》などを載せない「聖《しよう》観音」のように見えたが、頭頂には化仏を挿していた跡がいくつもあり、まぎれもなく「十一面観音」だった。しかも、すらりとした体軀に小さめの頭部、顔には白い彩色が残る美しい立ち姿の像である。衣文《えもん》の波打つ襞も印象的で、制作時期は中世に遡るのではないかと想像された。

阿武山を少し離れたところから仰ぐと、山肌に土石流のあとが幾筋も残っている。まだ爪痕が痛々しい被災地と、その周囲に点在するいくつかの観音堂も訪ねた。

巨大な自然石を「観音さま」として祀るお堂、如来形《にょらいぎょう》と思しき破損仏を祀るお堂、川上から流れ着いたという伝承をもつ観音像は、口を開け怒りの表情を示す「明王《みようおう》」のように見うけられた。またこの日は訪ねることができなかったが、阿武山の山頂付近には水神を祀る「貴船《きふね》社」の祠が立っているという。阿武山の南西に聳《そび》える権現山には「毘沙門堂」があり、この社寺の地理関係は京都の貴船神社と鞍馬寺の関連を思い起こさせる。

「蛇王池の碑」を訪れたとき、同行した郷土史家から、伝承と現実を安易に結びつけるのは慎重を期すべきだと指摘を受けた。この郷土史家の男性は考古学が専門で、『佐東町史』の「土砂が扇形に堆積したこれらの地域の地形は、土石流の繰り返しによって形成されたものである」という記載についても、文献史料にはないことだと疑義を呈していた。

太田川の高瀬堰西岸に建つ「大禹謨《だいうぼ》」碑も訪れた。「大禹」とは中国夏《か》王朝（紀元前二〇七〇年頃～紀元前一六〇〇年頃）の帝で、治水事業に失敗した父の跡を継いで、黄河の治水にあたった「禹王」のことである。また「謨」は大きな計画を表わす。禹王は儒教で治水・土木の神として崇められ、日本でも水を治めた記念として各地に顕彰碑が建立された。この石碑は昭和四七年（一九七二）に、太田川の治水事業の完成と今後の安全を祈願するため、当時の池田早人佐東町町長の発案で建立されたものである。ここでは平成二六年（二〇一四）一〇月に禹王の業績を称える「禹王サミット」の開催が予定されていたものの、土砂災害で中止に追い込まれている。

このように阿武山とその山麓、太田川の流域には、水をめぐる伝承、信仰、記念のシンボルが集中している。しかもそれらは、日本古来のアニミズムをはじめ、神道、仏教、儒教、民間信仰など多様な背景をもつ。広島の土砂被災地は日本列島における水害と治水と信仰の縮図のような場所であり、水との戦いは現在も続いているのである。

2　止雨を願う古代人

†生馬献上の習俗

農耕社会を営む日本人にとり、農作物の成育に影響をおよぼす雨の量は大きな関心事だった。旱魃は実りを妨げ、大雨や長雨は氾濫を呼び起こし、いずれの場合も生活を揺るがす問題となった。朝廷や幕府はそこで、神社へ幣《みてぐら》を奉り、僧侶に降雨を祈らせて、「雨乞《あまご》い」や「日乞《ひご》い」をしてきた。日乞いとは雨乞いとは対照的に、雨が止むこと、空が晴れることを祈る儀礼で、「晴乞《はれご》い」や「雨止《あまど》め」ともいう。こうした雨乞い、日乞いを祈願するときには、牛や馬が神に捧げられた。

牛馬の首を水の神に捧ぐる風は、雨乞の祈禱としては永く存したりき。朝鮮扶余県の白馬江には釣竜台という大岩あり。唐の蘇定方百済に攻め入りし時、この河を渡らんとして風雨にあい、よりて白馬を餌として竜を一匹釣り上げたりという話を伝えたり〔東国輿地勝覧十八〕。白き馬は神の最も好む物なりしこと、旧日本においても多くの例あり。

（柳田国男『山島民譚集（一）』）

『常陸国風土記』によると、崇神天皇の時代に鹿嶋大明神に「馬一疋《いっぴき》」を奉ったと記されていることから、古代に「生馬献上」の風習があったことがうかがわれる。また『続日本紀』（七九七年編纂）の宝亀元年（七七〇）八月庚寅朔《かのえとらついたち》の条には、日蝕のとき、中臣朝臣宿奈麻呂を伊勢神宮に遣し、幣帛《へいはく》（織物・衣服・武具など神への捧げ物）と赤毛の馬二疋を奉らしめたとされる。日蝕に赤毛の馬が捧げられたのは、赤色が火の色を想わせ、太陽の衰弱を回復させるための模倣呪術と考えられている。

『続日本紀』天平宝字七年（七六三）五月庚午《かのえうま》の条によると、「旱《ひでり》」の際、降雨祈願のため、丹生上社に黒馬を献上している。また、宝亀六年（七七五）九月には、「霖《ながあめ》」のとき、白馬および幣を丹生川上、畿内の群神に奉らしめたとある。

現在、社寺に奉納される板絵馬が、生馬献上の習俗に由来するという説もある。生きた馬の代わりに、土馬や木馬といった馬形を献上するようになり、それがさらに簡略化されて、板製の絵馬になったというのだ。

†河上にいます神

水を司り、降雨を統《す》べるため、さまざまな水神が列島の各地に祀られてきた。京都府京都市左京区の「貴船神社」は、その代表的な神社のひとつで、現在は京都の奥座敷として人気の観光地である。神社の周辺は夏でも涼しく、貴船川にせり出した川床料理屋が軒を連ねて風情を醸し出している。延長五年（九二七）にまとめられた『延喜式』の「神名帳」（以下、『延喜式』と記して「神名帳」を指す）には「山城国愛宕郡 貴布禰神社」と記され、「祈雨八十五座」のひとつとされるなど、雨を司る神として信仰されてきた。全国に約四五〇社ある貴船神社の総本社で、「高龗神《たかおかみ》」を祀る。

「おかみの神」とは、『古事記』によると、伊邪那岐《いざなぎ》神が火の神迦具土《かぐつち》神の首を斬ったとき、剣の柄に集まった血が手の指の股から洩れ出て、「闇淤加美《くらおかみ》神」と「闇御津羽《くらみずは》神」の二神が生まれたという。『日本書紀』には、斬られた軻遇突智《かぐつち》が三つに分かれ、一つは雷神、一つは大山祇《おおやまつみ》神、一つは高龗神になったといわれる。龗神は、「闇淤加美神」「淤加美神」「袁加美神」「意加美神」という神名でも各地の神社に祀られている。

　社伝によると貴船神社は、神武天皇の母である玉依姫命《たまよりひめのみこと》が黄色い船に乗り、淀川・鴨川・貴船川を遡ってこの地に上陸し、水神を祀ったのが始まりだという。平安京遷都後は、御所の真北に位置し、鴨川の上流にあたることから、京の「水の神」として信仰されるようになった。神社では高龗神は闇龗神と同じ神で、「降雨・止雨を司る竜神で、雲を呼び、雨を降らせ、陽を招き、降った雨を地中に蓄えさせて、それを少しずつ適量に湧き出させる働きを司る神」だとする。「祈雨」と「止雨」、水の湧出が適度であることを、貴船の神は統御すると信じられてきたのである。現在も神社では、白馬と黒馬を描いた絵馬を頒布し、馬の銅像が建てられている。

貴船神社奥宮（京都府京都市）

　貴船神社とともに、祈止雨の霊験が著しい神として朝廷から重んじられたのは、やはり生馬献上がさかんにおこなわれた大和国の「丹生川上社」である。六国史に「丹生川（河）上神」と記され、神名を表わしていないが、記紀に登場する罔象女神《みずはのめ》や龗神を祭神にあてるようになったとみられる。『名神本紀』では「人声の聞こえない深山で我を祀れば、天下のために甘雨《かんう》を降らし霖雨《りんう》を止めよう」との神託により創祀したという。「甘雨を降らし霖雨を止め」とあるように、丹生川上神も降雨と止雨に霊験があったのである。

罔象女神は『日本書紀』の表記で、『古事記』は「弥都波能売神」、ほかに「水波能売命」、「水波之女命」、「闇御津羽神」、「水速女命」などの神名でも神社に祀られている。「ミズハ」は「水走」の意味で、灌漑のための引き水、あるいは「水つ早」、水の出始めの意だともいわれる。中国の『淮南子《えなんじ》』などでは龍や小児の姿をした「水の精」のことだとされる。丹生川上社は、『延喜式』で名神大社に列したが、その後衰え、所在地不明となった。現在、奈良県吉野郡川上村迫の「上社」、奈良県吉野郡東吉野村小の「中社」、奈良県吉野郡下市町長谷の「下社」の三つの比定社《ひていしゃ》がある。

古代王権が成立した奈良盆地を取り囲むように、「水分神《みくまり》」を祀った四つの神社がある。『延喜式』には吉野郡の「吉野水分神社」、宇陀《うだ》郡の「宇太《うだ》水分神社」、山辺郡の「都祁《つげ》水分神社」、葛上《かつじょう》郡の「葛木《かつらぎ》水分神社」の四社が記載され、「くまり」は「配り」を意味し、水の分配を司ることから、水源や水路の分水地などに祀られた。記紀には登場しないものの、水神として信仰されてきた神に「瀬織津比咩《せおりつひめ》（瀬織津比売、瀬織津媛）」がいる。『延喜式』の「大祓詞《おおはらえのことば》」に、川の瀬が織りなすところに坐《いま》す女神とされ、祓神や水神、滝の神や川の神として、川や滝の近くなどに祀られる。

日本人は神話の時代から数々の水神を生み出し、各地の川辺に祀ってきた。水神社の歴史は、水田耕作をはじめとする農耕によって生活を支えてきた、列島民の定住の記録でもあったのだ。

✝竜穴に潜む十一面観音

日本列島古来の自然崇拝にもとづく水の神は、道教や仏教の竜神や竜王と習合し、さらには十一面観音にその役割が託されていった。古代や中世、各地に造立された数々の十一面観音像は、治水や利水の象徴だったと考えられる。

奈良盆地東西方の山間部、桜井市初瀬《はせ》に十一面観音の聖地「長谷寺《はせでら》」がある。春に咲く牡丹《ぼたん》をはじめ、四季折々の「花の寺」として知られるこの寺は、朱鳥《あかみどり》元年（六八六）、道明上人《どうみょうしょうにん》が天武天皇のために「銅板法華説相図《どうばんほっけせっそうず》」（千仏多宝仏塔）を、初瀬の西の岡に安置したことに始まる。さらに神亀《じんき》四年（七二七）には徳道《とくどう》上人が、聖武天皇の勅により、東の岡に十一面観音を祀った。その経緯は次のようなものである。

近江国高嶋郡の白蓮華谷に長さ十余丈（三〇メートル以上）に及ぶ楠の倒木があった。倒木があるとき大洪水で大津に流れ着き、そこの里人に祟りをなした。人々はこの木で仏像を造ろうとして、大和国の八木や当麻《たいま》に運んだが、そこでも祟りがあった。その後、百余年ものあいだ初瀬川のあたりに打ち棄てられていたが、徳道上人がもらいうけ、二人の仏師が高さ二丈六尺（約八メートル）の十一面観音を彫りあげた。そして、にわかに起こった暴風雨により、地中から出現した「金剛宝磐石《こんごうほうばんじゃく》」の上に安置した。祟りを及ぼす大木を霊木とみなし、そこから十一面観音を表わすことによって、災厄を防ごうとしたのだ。その災厄は大洪水にほかならない。

現在、本尊として祀られている「十一面観音立像」は室町時代、天文七年（一五三八）作の再興像で、像高一〇メートル一八センチ、右手に錫杖《しゃくじょう》と念珠、左手に蓮華を挿した水《すい》瓶《びょう》を持つ。こうした持物の像は「長谷寺式十一面観音」と呼ばれ、列島各地の水辺に祀られて、「長谷寺」の名を冠した寺院も多い。

本尊に向かって左側の厨子には、「雨宝童子立像《うほうどうじ》」が安置されている。正しくは「金剛赤精善神雨宝童子」という。初瀬山を守護する八大童子の一人で、本尊の足元の「大磐石」を守護する。また伊勢神宮内宮（皇大神宮）の祭神である天照大神としても信仰されている。本尊に向かって右側には「難陀龍王《なんだりゅうおう》立像」が立つ。竜を統率する八大竜王の筆頭として仏法を守護し、また春日大社の神体である春日大明神としても信仰されている。長谷寺は観音を本尊としつつ、雨の神や竜神によって守られているのである。

長谷寺の東方、三重県境に近い奈良県宇陀市の「室生寺《むろうじ》」は、女人禁制だった高野山に対し、女性の参詣が許されていたことから「女人高野《にょにんこうや》」の別名がある。国宝の金堂や五重塔、金堂内に安置される貞観《じょうかん》時代の一木彫《いちぼくぼり》の優れた仏像の数々や、シャクナゲの名所としてもよく知られる。写真家の土門拳は、室生寺の堂塔と仏像、周囲の自然の撮影をライフワークとして取り組んだ。

室生龍穴神社（奈良県宇陀市）

室生寺から室生川に沿って約一キロさかのぼった渓谷の入り口に「室生龍穴《むろうりゅうけつ》神社」があり、さらにその奥の峡谷に面して、「妙吉祥龍穴」がある。この竜穴には竜神が住むと伝わり、古代から神聖な「磐境《いわさか》」とされてきた。室生龍穴神社は『延喜式』記載の古社で、高龗神と竜神、竜王を祀る。奈良時代から平安時代にかけて、朝廷からの勅使により雨乞い神事が営まれた。室生寺は龍穴神社の神宮寺だった時代もあり、一〇月一五日の例祭には、室生寺からのお渡りがある。『続日本紀』などによると、室生寺は奈良時代末期の宝亀《ほうき》年間（七七〇〜七八一年）に東宮山部親王（のちの桓武天皇）の病気平癒のため、この地で延寿の法を修し、興福寺の賢憬《けんけい》が勅命でここに寺院を造ることになった。金堂の須弥壇《しゆみだん》上には、向かって左から十一面観音立像、文殊菩薩立像、釈迦如来立像、薬師如来立像、地蔵菩薩立像が並び、手前には十二神将《じゆうにしんしよう》立像が立つ。なかでも十一面観音は装飾的で優美、また土着性を漂わせる古像である。

†水害の「記念碑」

思想家・人類学者の中沢新一は、十一面観音の原初的な発生を竜体の神との関連で読み解いている（「水辺の革命碑」）。

泰澄《たいちよう》や役行者《えんのぎようじや》（小角《おづぬ》）といった古代の「聖《ひじり》」が、自然の霊力がみなぎる聖地で瞑想にふけっていると、その前に、池や沼の主だというさまざまな怪物が出現する。たとえば、養老元年（七一七）、泰澄が白山山麓の伊野原で天女の夢告を受け、山頂に登り持念したところ、池の中から九つの頭の竜が出現した。うなりをたて鱗を輝かす怪物たちは、泰澄に「我こそはこの聖地の主である」と宣言した。ところが泰澄は、「お前はまだ、この聖地の本質の姿ではない」と言い放ち、恐怖を乗り越えて、瞑想を続けた。すると、山頂の池や沼の中から、眩いばかりの光を放って十一面観音が現われ、「蛇や竜の姿は、本質そのものではなく、私の姿こそがこの聖地の力の本質を表現した、真実の姿なのである」と告げた。こうした十一面観音の出現をきっかけに、日本人のなかに新しい宗教の形態と、新しい自然観が発生することになったと中沢は指摘する。

古代に列島の山間で始まった水害と十一面観音の結びつきは、近世の平野にまで及んだ。「鉈《なた》彫り」と呼ばれる技法で数多くの宗教彫刻を残した円空《えんくう》は、寛永九年（一六三二）に美濃国（現在の岐阜県）に生まれ、その足取りは、南は現在の三重県、奈良県、北は北海道、青森までたどることができる。円空は生涯に一二万体の仏像を造る誓いを立てたとされ、立ち寄った寺社や集落に仏神の像を彫り刻み、残していった。岐阜県羽島市上中町の「中《なか》観音堂」の「十一面観音立像」は像高二二二センチと、等身大以上の大きな像である。この観音堂は木曽川と長良川に挟まれたところにあり、古くから水害に悩まされ続けてきた。円空研究家の長谷川公茂《まさしげ》によると、寛永一五年（一六三八）、このあたりを洪水が襲い、円空の母親も死亡した。円空は寛文一一年（一六七一）、母親の三十三回忌の供養のために観音堂を建立し、十一面観音を造立したのだという。観音像の背面には直径約八センチの鏡が納められており、これは円空の母の形見の鏡ではないか、と長谷川は推測する。また、木曽川を流れ着いた木材から彫られたという伝承もあり、それを証明するかのように像の背後には、「木そ（曽）」の字を図案化した印が、いくつも付いている。さらには衣の襞が、竜や魚の鱗を思わせもする。

中観音堂の十一面観音立像（岐阜県羽島市）

河川湖沼の氾濫の象徴である竜や蛇は、十一面観音に化身して治水を果たした。そして造立された観音像は日本全国に及んだ。また海辺においては、津波を鎮めるため十一面観音が祀られることもあった。広島市安佐南区八木地区の「蛇落地観世音菩薩」が十一面観音であることを確かめたときの驚きは、こうした信仰史上の符合によるものなのである。

†鴨川の治水神

貴船神社に象徴されるように、大和から都を遷した京都盆地においても、治水は大きな課題だった。

京都市内を南北に流れる鴨川も、古来洪水を繰り返し、平安時代後期に白河法皇が思いのままにならないものとして、「賀茂河の水、双六の賽、比叡山の山法師」（『平家物語』）を挙げたほどである。そこで中世から近世にかけては、水防に霊験があるというさまざまな種類の神仏が、この川のほとりに祀られてきた。

歴史学者の瀬田勝哉は、鴨川の五条橋の下にあった「五条橋中島」が、治水神の聖地だったという説を唱える。現在の五条大橋は桃山時代以降のもので、古代中世の五条橋は現在の松原橋にあたる。戦国時代の「洛中洛外図屛風」には、五条橋あたりの鴨川には大きな中島が描かれ、そこには「法城寺」という寺院があった。

> 五条橋東北中島にあり　安倍晴明河水氾溢を祈り　水たちどころに流れ去る　これ

に依りて寺を河辺に建て　法城寺と号し　地鎮となす　言うところは水去りて土と成るの義也　晴明死後にこの寺に葬むる　世に晴明塚と称す（略）しかるの後洪水数度寺中に入り　安居するを得ず　慶長一二年住職寿林和尚　寺を三条橋の東に移す今存する所の器物　法城寺の字あるもの多し

（『雍州府志《ようしゅうふし》』）

五条橋中島には中国の治水神、禹王の廟もあった。江戸時代の地図には五条橋中島が見られなくなるが、豊臣秀吉が「御土居《おどい》」（土塁）や方広寺《ほうこうじ》の建設など、京都改造の一環で潰したとみられる。あるいは陰陽文化をもとに呪術的芸能を行った声聞師《しょうもじ》の活動拠点を破却し、弾圧するためであったという説もある。

また鎌倉時代に洪水があり、鴨川の治水を担当する防鴨河使《ぼうかし》の勢多判官為兼《せたのほうがんためかね》が、ある僧から「河北に弁財天、川南に禹王廟を建立すればよい」といわれたともいう。そこで鎌倉時代の初め、白川の北側に「弁財天社」が、室町時代には四条橋東側の大和大路角に「禹王社」ができたとされる。四条大橋東詰の禹王社は、近世に入ると伊勢神宮の分社である神明社となりこの社が廃絶されると、近くにある「仲源寺《ちゅうげんじ》」の地蔵菩薩が禹王像だという説が生まれた。仲源寺は「目疾《めやみ》地蔵」と呼ばれて、眼病平癒で知られるとともに、「雨止《あめやみ》地蔵」ともいい、洪水を治める仏だという信仰が広まった。天明八年（一七八八）の大火後には、焼け残った「恵比須神社」に禹王廟の後身説が生まれたり、現世と他界の境にあたるとされる「六道《ろくどう》の辻」の「六道珍皇寺《ろくどうちんのうじ》」の閻魔王が禹王とみなされたりもした。

安倍晴明、禹王、地蔵菩薩など、多種多様な神仏に託された鴨川の治水神信仰は、一〇〇〇年の都の水害との苦闘の歴史にほかならない。そして一種の「流行神《はやりがみ》」のように、防水害の霊験ブームのような現象がみられたのではないかと想像することもできる。

3　洪水と怪異伝承

†白髪水と蛇抜け

村々を襲い、家々を流し去る洪水や土石流を、人々は怪異現象として物語り、記憶してきた。こうした災害譚は圧倒的な事実を後の世まで継承していくために、民衆が編み出した知恵のひとつだといえるだろう。そうしたなかから、いくつかの伝承を紹介する。

東北地方を中心に「白髪水《しらがみず》」「白髭水《しらひげみず》」と呼ばれる伝説が分布する。「秋田の雄物川《おものがわ》でも、津軽の岩木川でも、岩手の北上川でも、会津の阿賀川でも、またその他の小さな川でも、昔のいちばん大きかった洪水を、たいていは白髪水、または白髭水と名づけて記憶しているのであります」と柳田国男はいう。大洪水に先立ち、白髪や白髭の老人が現われ水害を予告した、洪水や大津波の波頭に白髭、白髪の翁が乗っていたという伝承である。そのようすは、「白い毛を長く垂れた神様が大水の出鼻に水の上を下ってくる姿を見た」「山から岩を蹴りながら水の路を開いた」などと言い伝えられる。ふだんは穏やかな川面が変貌し、白い波濤を立てて河岸を襲うさまを描いているのであろう。また「白髪の異人に無礼をした祟りである」ともいい、水辺で神祭りをしていたとみられる。

「白髭水」伝承がとくに多く残る北上川流域で、この災害が最初に文献に現われるのは、宝治《ほうじ》元年（一二四七）のことである。「北上川を白髭の翁、屋の上に立て流しを、その時の人は、これや変化のものにて、この洪水はかれがしわざやあらんといいしより、白髭水とは名付けしとや」（『吾妻鏡』）。それから五〇〇年近くのち、享保《きょうほう》九年（一七二四）八月一四日の洪水では、長雨が大雨となり、北上川の全流域に洪水を起こして、「此ノ水、盛ト出ル時白髭ノ老人水上ニ見エタリ」と伝えられている。柳田は、こうした水の神を白髭や白髪の姿で想像したのは、「最初そういう特徴の老人または若白髪の人を選んで、巫覡《ふげき》の任務に当らせた風習の、久しく続いていたことを推定するの他ありませぬ」という。
広島市安佐南区の土砂災害のところでもふれたとおり、土石流災害の記憶を刻み込んだ「蛇崩れ」や「蛇抜け」といった地名がみられる。中部地方の山間部にとくに多く、災害現象を指す言葉がそのまま地名として刻み込まれている。

……信州では山に法螺崩《ほらくず》れと蛇崩れとがあった。蛇崩れの前兆には山が夥しく鳴るので、ただちに檜木《ひのき》を削って多くの橛《くい》を作り、それを山の周囲に打ち込むと、蛇は出ることあたわずして死んでしまい、年経て後骨になって土中から出る。それを研末して服するときは瘧《おこり》病を治すなどともいった。
（柳田国男「鹿の耳」）

序章で前出の笹本正治は、大蛇や竜は水を司り、場合によると洪水などを引き起こすと考えられていたとして、天竜川流域の土石流災害を数多く採集した。長野県上伊那郡辰野町の沢底の堂平に、「蛇の池」という小さな底無し沼があり、大蛇が住んでいた。大蛇は大雷雨で山崩れを起こしたとき、一緒に流れて行方がわからなくなったが、池から七、八間離れたところには、蛇の抜け出したあとだというところがある。そこは「蛇抜け」と呼ばれている。大蛇は水を司り、雷雨を呼ぶことのできる特別な能力を持っていたのである。笹本は『蛇抜・異人・木霊――歴史災害と伝承』(一九九四年)で次のように指摘する。

災害の発生場所は、自然的条件に左右される。蛇抜についていえば、基本的に急傾斜の谷沿いほど発生しやすい。しかも背後の山に樹木が少なく、花崗岩が風化していればいるほど、蛇抜になる率は高い。こうした場所は、木曽谷にかぎらず土石流災害がおきやすいのだという認識をまず有しておく必要がある。

そして笹本は、「蛇抜」という地名は特別なものだが、土石流は日本全国で起きる可能性があり、蛇抜は特別な災害ではないと注意を促す。毎年のように発生する土砂災害を、こうした地名からみていくことは、民俗が現在も生きていることの手がかりにもなるだろう。

†中部日本の「やろか水」

愛知県から岐阜県に広がる濃尾平野では、木曽川・揖斐川《いびがわ》・長良川の木曽三川の氾濫がそこに住む住民を苦しめてきた。豪雨の際に川の上流から怪異なものの声を聴いたというように、姿形ではなく音響で洪水を表わし、また予兆を示した「やろか水」の伝承が残る。柳田国男は『妖怪談義』(一九五六年)の「自序」で、「いずれも木曽の川筋にあるから、源流はすなわち一つであろう。尾張の犬山でもヤロカ水、美濃の太田でもヤロカ水といって、大洪水のあったという年代は別々でも、この名の起りはまったく同じであった」と述べる。

……それは大雨の降り続いていた頃の真夜中に、対岸の何とか淵のあたりから、しきりに「遣《や》ろうか遣ろうか」という声がする。土地の者は一同に気味悪がって黙っていたのに、たった一人が何と思ったか、「いこざばいこせ」と返事をしたところが、流れは急に増して来て、見る間に一帯の低地を海にしたというのである。

興禅寺「入鹿切れ」の流れ石（愛知県犬山市）

深夜に土石が音を立てて上流から襲ってきた。しかし住民は避難することもなく安穏としていた。すると瞬く間もなく土石流が村を流し、あたりを浸水させたという事態を、伝承化したのであろう。記録に残る「やろか水」のうち新しいものとして、愛知県犬山市の南東部で幕末に起こった入鹿《いるか》池《いけ》の破堤がある。

　慶応四年（一八六八）四月の中頃から雨が降り始め、五月になっても止まず、入鹿池は堤防決壊の危険にさらされた。尾張藩は応急工事を施して防ごうとしたものの、五月一四日、堤防はついに決壊。丹羽、春日井、中島、海東の四郡一三三村を濁流が襲い、死者九四一人、負傷者一四七一人、流失家屋八〇七戸、浸水家屋一万一七〇九戸の大惨事となった。

　この「入鹿切れ」では、堤の切れる直前に前兆があったといわれる。「池の主である陣羽織を着た武士が馬に乗って空中を駆けていった」。池の中に蓑《みの》を着た人がいて、「うまいものを食べて楽しく暮らしても、どうせこの世は五月まで」と言ったという。また数日前に池に火柱が立った、左甚五郎がつくった柳の竜が昇天したため堤が切れたというものもある。この水害では「やろか水」以外にも、水害の予兆や原因が伝承されてきたのである。

†『龍の子太郎』の二つの側面

いまでは多くの人が住み、生活を営んでいる土地がかつては湖で、排水により土地を開いたと語る伝説や民話は少なくない。こうした開拓譚は、遠い過去に起こった災害の反映と想像される。たとえば長野県の安曇野《あずみの》や松本平も、湖が平野になったという。

「泉小太郎伝説」によると、松本や安曇は山々の沢から落ちる水を湛える湖だった。昔々、この湖に住む「犀竜《さいりゅう》」と、高梨の池に住む白竜王とのあいだに男の子が生まれ、「日光泉小太郎」と名づけられた。小太郎が大きくなるにつれ、犀竜は自分の姿を恥ずかしくなり、湖の底に隠れてしまった。母の行方を訪ねた小太郎は、尾入沢でめぐり会うことができた。すると犀竜は「私は諏訪大明神の化身で、氏子を栄えさせるため姿を変えた。おまえは私の背中に乗り、この湖を突き破って水を落とし、人の住める平地をつくりなさい」と小太郎に告げた。小太郎が犀竜の背中に乗った場所は、「犀乗沢《さいのりざわ》」と呼ばれている。二人は岩山を突き破り、千曲川の川筋から越後の海まで乗り込んでいった。こうして安曇平には広大な土地ができた。小太郎と犀竜が通った犀乗沢から千曲川と落ち合うところまでを、「犀川」と呼ぶようになった。小太郎はその後、有明の里で暮らして、子孫は大いに栄えた——。

児童文学者の松谷みよ子は、こうした民話をもとに長編童話『龍の子太郎』（一九六〇年）を書いた。しかし『龍の子太郎』には、山を崩し、湖を決壊させることで、稲作が可能な土地ができたという耕地開発伝承の、二つの側面が表わされている。

龍の子太郎と仲良しの少女あやは、母竜に、山や谷へ一足先に飛んでいき、「水がくるからたかい山へにげるように、といいましょう」と言った。すると母竜も、こう答えた。山の形が変わって、新しい川がしぶきをあげて流れてくる、そして、新しい土地が生まれると、山に住む人たちに知らせてほしい。ひとりでも人が死んだり、けがをするようなことがないようにと願いを語った。このやりとりは、湖水を流出させることで新しい土地が生まれるいっぽうで、周辺の土地が水浸しになることを示唆している。そして、そうした事態を未然に防ごうとする警告が表現されているのである。

大鯰《おおなまず》や大鰻《おおうなぎ》などが災害を起こした、あるいは災害を予知したという伝承は多い。ほかにも、霊獣や妖怪が災害に深くかかわっていると考えるのは珍しいことではなかった。

柳田国男は「魚王行乞譚《ぎょおうぎょうこつたん》」で、水の災いにより人の命が失われた場合、その事件の場所の近くに姿を見せた動物を、「水の威力の当体」と信じたのではないかという。さらに柳田は、かつての日本人が畏れかつ拝んだものは、「水そのものではなく水の中の何物かであり、それがまた常に見る一類の動物の、想像し得る限りの大いなるもの、または強力なものであった」という。

この指摘のとおり、『倭訓栞《わくんのしおり》』（一七七七〜一八八七年）「後編」には、「洪水などの時、山中の洞窟より数万の鯰湧出ることとあり、これ俗になまずのかまといえり、関東もと鯰なし、戊申《つちのえさる》の歳の洪水より今は常用の物となれりとぞ」とあり、鯰と洪水を関連づける。『竹生島縁起《ちくぶじまえんぎ》』には「海竜変二大鯰一、廻レ島七匝《めぐり》」とあり、竜蛇が大鯰に変じ、琵琶湖の主になったと記している。岡村良通の『寓意草』によると、享保一三年（一七二八）に江戸で大洪水があった。そのとき、神田上水小日向に住む鈴木一夫という老人が、「このあたりに大水が出るだろう」と言った。しかしそこは高台にあるから水害はないだろうと聞くと、老人は「古くからの言い伝えで、鯰のないところに鯰が出てくると必ず大水がある」と言う。ところが昨日、家の子どもが溝で、五寸ほどの鯰をすくい取った。実際に、その年の九月になると雨が降りしきり、水かさが増し、橋は流れ堤は崩れて、人馬が数多く死んだ。一万一〇〇〇人もの溺死者が品川に流れ着いた。

鯰と同じく細長い形態の魚類である鰻も、水害との関わりのなかで霊獣として信仰されてきた。たとえば東北や関東地方では、虚空蔵《こくうぞう》菩薩の使わしめとして鰻を崇めていた村もあった。虚空蔵を祀る社寺の池には鰻が放たれ、それを食べてはならないといわれる。またそうした地域では鰻が人間に化けて出現し、小豆飯や団子をご馳走になったという話も伝わる。またそれらの地域の特徴として、洪水が多発したという共通点がある。

彦倉虚空蔵尊「延命院」がある埼玉県三郷市彦倉では、いまでも鰻を食べない人がいるといい、鰻にまつわる昔話が残る。

秋の大雨が数日続き、古利根川（中川）が増水して堤防が決壊し、付近の民家は床上まで浸水した。助けを呼ぶ声がするので探していると、子供や老人が丸太のようなものに乗ったり、つかまったりしていた。しかしそれは丸太ではなく、鰻の大群が縄のように寄り集まり、人の体を流されないように押さえつけていたのである。こうして多くの人命が救われ、助かった人々は恩返しのために、鰻を一切口にしないと誓ったという。この伝承をもとに、延命院には鰻を描いた絵馬や、鰻を獲るための掻き棒などが奉納されるようになった。

延命院のうなぎ絵馬（埼玉県三郷市）

水辺の妖怪の代表である「河童」には、いくつかの性格がある。池や沼に馬を引きずり込んだ、通りすがりのものに相撲を挑んだ、悪戯をした許しを請うため詫び証文を書いて残したといったものである。こうした河童の怪異性のなかには、水への畏れ、水害に対する怖れも反映されている。

柳田国男の「川童祭懐古」によると、河童の名前は全国を通じて「河」あるいは「川」の字に、子供という意味の言葉をつけた「カワランベ（河童）」「カワコゾウ（河小僧）」「カワタロ（河太郎）」など、三〇種以上にのぼるという。このほか能登の「ミズシシン」は、「水の神様」、「ミズシン（水神）」から来ているようで、鹿児島の「ミツドン」は、「虯《みずち》」のことであろうという。虯は虫扁でこのあたりでは蛇の一種と思っているらしいが、やはり「ミズシン」と関係があるとみられる。日本の南北と中央、離れたところにM音で始まる似た名前があることから、河童を「水神《みずしん》」といった時代があることを証明できる。また「メドチ」「ミズチ」などの「ち」は、「霊あるもの」を意味し、「虬」は「水の霊」のことであろうと柳田は推論する。また九州では、「馬の足跡ほどの水溜りには河童が一〇〇〇匹いる」という。こうした河童に対する認識は、水の精霊としての性格が如実に現われている。

また水害で行方不明になったものの霊魂は、共同体や家族にとって大きな問題だった。かつての江戸市中では、川の上流から流れてきた水死体を神に祀りあげるという民間信仰もみられた。河童は水を司り、洪水をもたらす水神でもあったが、水にまつわる霊への、民衆の感情を形にしたものだった。

4 防水害の合理と不合理

水害の常襲地では、地域社会が土木技術を駆使して、治水に膨大な時間と労力を費やしてきた。しかしまた、工学的営為を越えたところにある信仰や習俗も重んじられてきた。こうした例のひとつとして、まず山梨県の甲府盆地における治水の民俗をみていきたい。

甲府盆地も大昔は、一面に水をたたえた湖であったという。そこに根裂《ねさく》の神、磐裂《いわさく》の神が現われ、南山の岩をきりあけて湖水を、駿河の海に通ずるようにした。そのために湖水は枯れ、広い盆地ができた。それは、養老年間（七一七〜七二四年）に甲斐を訪れた行基菩薩によるともいう。

秩父山地を水源に甲府盆地のほぼ中央を南流する笛吹川と、赤石山脈の鋸山《のこぎりやま》に水源をもつ釜無川は、甲府盆地南西隅の鰍沢《かじかざわ》付近で落ち合い富士川となる。富士川は、甲府盆地にとって唯一の水のはけ口で、盆地の出口から一キロメートルほどの川幅は非常に狭く、禹王にちなんで「禹の瀬」と呼ばれている。禹の瀬のすぐ上流は広い範囲の氾濫原で、釜無川と笛吹川が氾濫すると、水がここを通り抜けることができず、あたりは湖のようになってしまう。つまりこの開拓伝承を、決して伝説といい切ることはできないのである。

天文一〇年（一五四一）に父信虎を追放して甲斐の国守となった武田信玄は、翌天文一一年、大洪水に襲われ、大きな被害をうけたことから治山治水を決意した。そして笛吹川、釜無川の要所に大規模な堤防を築き、護岸工事をおこなった。信玄の築いた堤防は「信玄堤」と呼ばれ、その一部が、山梨県甲斐市竜王の御勅使川《みだいがわ》が釜無川に合流する地点から下の釜無川東岸にみられる。

信玄堤は御勅使川の釜無川への合流をスムーズにしつつ、合流後の釜無川が持つ治水施設への破壊エネルギーを緩和させ、しかも釜無川が甲府盆地中央に氾濫することを防ぐなど課題の解決が図られている。なおそのうえに、堤には竹を植えて堅固にし、領民を堤のそばに移して、地子《じし》や諸役を免除し、堤防の保護と防水の任にあたらせるなどの方策をとったという。堤防築造と御勅使川治水により洪水被害は緩和され、盆地西部や竜王では用水路が開削され新田開発が進み、安定した生産力が確保されたと考えられている。なお笹本正治は、信玄期の関与を示す史料がないことから、戦国期大名権力の力量では技術的にも大規模な人足動員を必要とする治水は不可能であったとしている。

釜無川の信玄堤の近く、甲斐市竜王に「三社神社」がある。この神社は、甲斐国一宮の「浅間《せんげん》神社」、二宮の「美和《みわ》神社」（ともに笛吹市）、三宮の「玉諸《たまもろ》神社」（甲府市）を勧請して創建された。毎年四月第二亥日《いのひ》には、三社神社を最終地として、「御幸祭《みゆきまつり》」（大御幸、三社御幸、通称「おみゆきさん」）がおこなわれている。「おみゆきさん」は八二五年頃、甲府盆地を襲った大水害後に始まった水防祈願が起源とされる。

各社からの神輿が御幸道を経て、竜王に向けて練り歩く。神輿の担ぎ手は男性にかぎられ、長襦袢に花笠を被り白粉を塗って女装する。これは浅間神社の祭神木花開耶姫命《このはなさくやひめ》が女神なので着飾るようになった、あるいは女性が担ぐと木花開耶姫命が嫉妬するからだともいう。神輿を担ぐとき「ソコダイ、ソコダイ」という声を掛けるのは、「目的地はもうそこだ」という意味の「そこだ、そこだ」がソコダイになったのではないかという。また担ぎ手は、掛け声とともに足を揃え、大地を踏みしめるように足を動かす。この所作は、担ぎ手全員が同じ踏み足をすると神輿が進みやすいという理由のほかに、釜無川の河原の土手を踏み固める意味もあるという。川除場《かわよけば》に達すると神

山梨県甲斐市竜王の御幸祭（提供：毎日新聞社）

主が水防祈念をおこない、神輿の担ぎ手が一斉に河原へ向かって小石を投げる「投石神事」で祭りは終了する。

†「治水神社」の成り立ち

甲府盆地を流れる富士川は、富士山の西側を南流したあと静岡県に入ると、いくつかの支流を合わせ、富士市と静岡市清水区の境で駿河湾に注ぐ。しかしかつては、富士市北部の岩本山の山裾で東南へ向きを変え、岩本山と水神の森のあいだを通り、幾筋にも分かれながら加島平野を流れていた。洪水のたびに流路を変え、宮島、水戸島、川成島など、富士市内に多い「島」のつく地名は、富士川支流の中洲だった場所である。そんな富士川の治水を担ったのは須津《すど》庄中里の郷士、古郡《ふるごおり》一族だった。

富士川下流部の左岸側には、本堤に対する洪水の力を減少させるために、川の中に突き出してつくられた「雁堤《かりがねづつみ》」がある。堤は雁の群れが飛ぶすがたに似ていることから、「雁堤（雁金堤）」と呼ばれるようになった。重高の一番出し築造から五十余年、古郡氏三代、重高、重政、重年による大事業だった。雁堤は、下総国椿沼の開発経験をもつ鉄牛の技術や、信玄堤の構造などを参考に改良が重ねられ、着工から五十余年後の延宝二年（一六七四）に完成した。それ以来、全長二・七キロメートルに及ぶこの堤は、富士川東岸の治水の要として機能し、富士市域の発展を支えてきた。

雁堤上の一角には人柱を慰霊し、堤を鎮護する「護所神社」が鎮座し、境内には人柱供養塔が立つ。築堤工事はたびかさなる洪水で難航したため、人柱を立てて普請成就を願ったと伝えられる。東海道を通る一〇〇〇人目（あるいは一〇〇人目）の旅人を生きながらに埋め、護堤の人柱にしたという。人柱にされたものは、武士、若い僧、老いた巡礼者などさまざまで、納得して人柱になったとする美談も多いものの、村の力自慢を集めて逃げられないようにしたという話も残る。造堤の際に人を埋めたという伝説は少なくない。こうした供犠が実際におこなわれたかどうかは議論の分かれるところだが、破堤と修復の繰り返しのなかで生み出された切実な説話であることだけは間違いない。

神奈川県の北部では、宝永四年（一七〇七）に起こった富士山の宝永大噴火のあと、降り積もった火山灰が、河川の氾濫で流出する二次災害が頻繁に起こった。宝永五年六月の台風襲来では、酒匂《さかわ》川の岩流瀬《がらせ》堤、大口《おおくち》堤が決壊し、下流の足柄平野で大規模な土砂洪水氾濫が発生、正徳元年（一七一一）にも、大口堤は激流の直撃を受けて再び決壊し、大きな被害をもたらした。足柄平野の扇頂部に位置する「大口水下水損六ヶ村」（岡野村・班目《まだらめ》村・千津島村・壗下《ましもた》村・竹松村・和田河原村）の住民は、平野に隣接する微高地に避難し、幕府に対し大口堤修復の嘆願書を提出した。江戸町奉行大岡越前忠相《ただすけ》は、酒匂川の治水事業を公儀の負担で実施することを決め、川崎宿の問屋役人で荒川の普請などをおこなっていた田中丘《きゅ》隅《うぐ》にその指揮を一任した。丘隅は、享保一一年（一七二六）二月に酒匂川の普請に着手し、六月までに大口堤と岩流瀬堤を整備し完成させた。

この治水工事の際に丘隅は、弁慶枠や蛇籠に石を詰め、僧侶が陀羅尼《だらに》経を読んでから川岸に積み上げ、堤が完成すると、その上に中国の治水神である禹王の廟を建てた。

文命西堤の文命碑（左）と文命宮（神奈川県足柄上郡山北町）

この堤防は禹王の別称である「文命《ぶんめい》」から「文命提」と呼ばれている。「文命西堤（岩流瀬堤）」には、いまでも文命碑と文命宮が建ち、「文命東堤（大口堤）」がある福沢神社（旧文命神社）の石碑には、鎌倉時代に鴨川の治水の成功で禹王廟が建てられたことにちなんだという由来が記されている。中世京都の治水の霊験は、こうして近世の関八州にももたらされたのである。

†輪中と水屋

堤防を高くし、河川の氾濫を防ぐだけにとどまらず、日本の各地で、避難所として水防建築が建てられてきた。

濃尾平野では、木曽川河口からほぼ四五キロメートル内陸の岐阜市から伊勢湾まで、大小四五の「輪中《わじゅう》」が連なる。輪中は水害から守るため、集落や耕地の周囲を堤防で囲んだところをいい、その堤防を「輪中堤」という。輪中地帯には母屋とは別に、敷地内で最も高い場所を選んで盛り土をし、その上に「水屋《みずや》」を設ける家が多い。水屋は洪水の際の避難場所となるもので、母屋が床上まで浸水して生活できなくなったとき、短期間はそこに避難して生活するので、米や調味料など日常必需品が貯蔵されていた。平安時代末期の『今昔物語』には因幡川《いなばがわ》（長良川）の洪水の話が記されている。

河辺に住む人は、水出づる時に登りて居る料とて、家の天井を強く造りて、板敷のように固めて置きて、水出づれば、その上に登りて、物をもして食べなどして有るなる。（略）下衆は、その天井をば水屋とぞいひける。

こういった水防を目的とした建築や構造物は、機能は似ていても、地域によって呼び名が異なる。濃尾平野の「水屋」のほか、多摩川流域では「水倉《みずくら》」、関東平野の利根川、荒川流域で「水塚《みづか》」（みずづか、とも）、淀川沿いの大阪平野では「段蔵《だんぐら》」と呼ばれている。天竜川下流域では、上流側に舳先を向けたように三角形や船形に盛り土をし、その上に家屋を建てた「船形屋敷」や「三角屋敷」と呼ばれる民家がある。

水塚（埼玉県志木市）

利根川流域の水塚は、もともと屋敷内の一部に盛り土をしただけの避難場所だったが、そこに建物が建てられるようになったと考えられる。荒川流域には現在も土盛りだけが残っているところもあり、それらは「助命壇《じょめいだん》」や「命塚」という。水塚を所有できるのは地主階級にかぎられていたため、小作農は盛り土だけの避難所を確保して洪水に対処してきたものだという。

荒川流域に属する荒川・新河岸川・柳瀬川が流れる埼玉県志木市の宗岡地区には、多くの水塚がいまも残る。地元のNPO法人エコシティ志木が発行した『水塚の文化誌』は、歴史によって培われた水害に対処する知恵や、貴重な体験談が記録された、優れた民俗誌だ。たとえば、それによると河川が氾濫すると田んぼに「エグミ」と呼ばれる肥えた土が入るため上質の米ができるのだといわれており、また上流から流れてくる杉丸太や家財道具などを集めて、自分たちのために役立てたという。

洪水は大きな被害をもたらすいっぽうで、地域に恩恵をもたらすものでもあった。また氾濫と住民の交流、交際によって生み出された「防災文化」といったものもある。では、文化財として保存されることの少ない「民具」について次はみてみよう。

†畳堤や厠石

日本の水害常襲地帯では、水屋などの防水建築以外にも、水害対策が講じられてきた。洪水に対処するためのさまざまな取り組みや、身近なものを使った減災手段があったのだ。

徳島県那賀《なか》郡を東流し、阿南市の東北で紀伊水道に入る那賀川は、激しく乱流していた。この地域の洪水対策においては、阿南市羽ノ浦町の「観音寺」が重要な役割を果たした。

那賀川が堤防高の七分目ぐらいの洪水位「七分水」に達すると、観音寺では寺の畳を堤防に運んで、洪水に備えた。付近の旧庄屋屋敷でも、ふだんは集会所として使用している広間の畳を、水防用に確保していたという。関東でも、利根川中流から下流部にかけて、同じ理由から地域の集会所が川沿いに設けられている。水が引いたあと、濡れた畳は堆肥などに利用した。北国では濡れ畳を燃やして灰をつくり、雪の積もる耕地などにまいて、融雪剤として使ったという。

宮崎県延岡市川中地区付近の五ヶ瀬川《ごかせがわ》堤防上にある、アーチ状の構造物を「畳堤《たたみてい》」という。畳堤は、地区の人々が昭和初期ごろに、洪水の際、水の浸入を防ぐために設置したものである。欄干に似た高さ六〇センチのコンクリート製の堤防で、幅七センチほどの隙間に畳をはめ込み、川の水が堤防を越えるのを防いだ。現存する畳堤は延べ九八〇メートルだが、かつての総延長は二〇〇〇メートルに及んだ。すると畳をすべてにはめ込んだ場合、約一〇〇〇畳が必要になるが、畳堤の構造では五ヶ瀬川の急流に耐え得るものではなく、一時しのぎにしかならなかったと推測されるという。なおこうした畳堤は兵庫県たつの市の揖保川《いぼがわ》流域などでもみられる。たつの市では昭和二二年（一九四七）に初めて建設し、現在は三か所に設置されている。

河川工学の第一人者である宮村忠は、『水害――治水と水防の知恵』のなかで、「厠石《かわやいし》」「さぐり棒」「上げ舟」「上げ仏壇」など、日常用具による水防対策を紹介している。「厠石」は床上浸水したとき、汲み取り式便所から室内への汚物逆流を最小限に抑えるときに用いる。ふだんから常備し、屋外の汲み取り口と便器の蓋が浮き上がらないよう重しにした。「さぐり棒」は「突き棒」ともいい、避難時に使用するための棒で、冠水したときに足元を確認し、避難するときに使う。これは氾濫時に、水没した暗渠や側溝、水路、マンホールなどに転落するのを防ぐのに利用する。「上げ舟」は避難用、移動用の木舟で、水屋や水塚、あるいは納屋や母屋の土間の天井に吊るしておく。「上げ仏壇」は仏壇に滑車を取りつけ、洪水のときにはロープを使って二階へ引き上げる装置を備えている。

これらはそれぞれに、水害常襲地帯特有の民俗的な知恵と工夫である。地域、あるいは個人で危急の際を想定して、つねに準備を怠らなかった先人の心構えは現在でも見習うべきだろう。

✝水をめぐる争い

全国のどの地域にも、水をめぐる集落間の争いがあった。争いの原因は日照りによる水不足だけでなく、洪水のときにもあった。自分たちの集落を守るために、対岸などの、他の集落側の堤防を切って、決壊させることがあり、切らせまいとする人々との争いがおこなわれたのだ。こういった争いのことを「水論《みずろん》」という。

寛永年間（一六二四〜四五年）に南遠州の南島村（現在の静岡県磐田市）に八衛門という百姓が住んでいた。何日も降り続いた雨で太田川が決壊し、付近の村々は洪水に襲われ、南島村より上流の村々では田畑も家屋敷も水浸しになった。上流の村人は、この水を排水しようと南島村と蛭池村の境にある堤防を切りにかかった。しかし堤防を切ると、下流の村は全滅してしまう。このため上流の村々と下流の村々との間で、堤防の上で争いが起こった。そのとき、先頭に立って戦った八衛門が、相手方の放った矢が脚にあたり、渦巻く濁流に呑み込まれてしまった。争いは静まって堤防も切られず、南島村ではその後、平穏な日々を送ることができた。その後、「南島の用水堀の近くに一坪の祠を建てて、弓矢を祀って若宮様と称せよ」とのお告げがあった。村人は、毎年四月に若宮様の祠で祭りをおこない、八衛門の遺徳を称えている。

宮村忠の『水害』によると、岐阜市の南に位置する「加納輪中」では、荒田川を境にした上流村と下流村をめぐる水論があった。荒田川の一部には堤防がない部分があり、そこは「水越所」と呼ばれていた。水越所は、上流側の排水をよくするために、人の手を加えてはならない「築捨地」とされていた。この築捨地付近に道路があり、道路より下流側に位置する三つの村は、道路を高くしたいと願っていた。道路が高くなれば水は上流に貯まり、下流の水害を少なくできるからである。そのためには築捨地に手を加えるか、道路の嵩上げをすることになるが、上流の住民が反対することは必至だった。そこで下流の人々は、春秋の彼岸におこなう岐阜の寺院への参詣を利用した。参詣の帰りには、菓子を子供の土産にする慣習があり、この菓子の代わりに小石を着物のたもとに入れ、築捨地の道路に差しかかると石を捨てたという。宮村はこの話を語った老婆から、いまでも慣習として参詣の帰りには、石を捨てるのだという話を聞いた。

こうした涙ぐましい行為も、かけがえのない災害民俗である。現在の眼からみたとき、素朴な信心や験担《げんかつ》ぎに近いものと思われるかもしれない。しかし、信仰や慣習を重んじながら、減災を願ってきた心情を軽視すべきではないと思う。

†利根川東遷の利水と治水

群馬県の北部の三国山脈に源を発し、関東平野のほぼ中央を斜めに流れ、千葉県の銚子で太平洋に注ぐ利根川は、全長三二二キロで信濃川につぎ、流域面積では日本一で、水系は群馬・埼玉・栃木・千葉・茨城・東京の一都五県にわたる。「坂東太郎」とも呼ばれるこの大河は、水運と防水害の両立をはかるため、困難な歴史を刻んできた。

利根川はいまから約三〇〇〇年前に、現在の熊谷市・鴻巣《こうのす》市付近で東へ河道を変え、分流しながら渡良瀬川《わたらせがわ》の流路地帯（加須から越谷）へ向かって流れるようになった。中世には、利根川と渡良瀬川はほぼ並行して南流して東京湾に注ぎ、河口も現在と異なっていた。利根川は現在の古利根川・中川の流路に近く、上野国と武蔵国の国境の南で乱流し、綾瀬川や荒川と合流、分流していた。

北条氏の所領であった関八州を与えられた徳川家康は、居城として江戸城を選んだ。江戸は関東平野の中央に位置しているものの、「暴れ川」である利根川に近く、洪水の脅威にさらされる地理的な条件下にもあった。さらに北東側は低湿地で、西側は水利の悪い武蔵野台地の荒地だった。家康が江戸に入府した頃も、利根川中流の栗橋付近（埼玉県）から東京湾にかけての地域は、たびたび洪水にみまわれた。家康は伊奈忠次《いなただつぐ》を関東郡代に任じ、関東周辺の河川の改修にあたらせた。命を受けた伊奈家では、代々が数次にわたり、瀬替など河川改修工事を実施。忠次の次男伊奈忠治《ただはる》は、新川道をひらいて渡良瀬川に合流させた。さらに川妻村（五霞町）の権現堂川分岐点から赤堀川をひらいて、鬼怒川の支流常陸川につなぐとともに、関宿から水路をひらき、金杉村（松伏町）で渡良瀬川下流の太日川《おおいがわ》に合流させ、江戸川を通した。利根川がほぼ現在の流路となったのは、承応三年（一六五四）に忠治の子の忠克《ただかつ》が赤堀川を掘りさげてからである。しかし強引な水路変更は、さまざまな問題を引きおこした。水量の増大は利根川の土砂を堆積させて浅瀬をつくり、水量の少ない時期には船の通行を困難にしたのである。

天明三年（一七八三）七月二八日、浅間山の大噴火により火砕流と洪水が発生し、死者一〇〇〇人を超える大災害となった。このために河床が上昇し、中条堤を中心とした治水のあり方が機能しなくなったが、当時の土木技術では抜本的な対策を取ることはできなかった。このため幕府は堤防を強化し、赤堀川を拡幅、江戸川の流頭に突堤を設け、川幅を狭め流入量を制限した。これは、洪水の流入を抑えるとともに、土砂の流入による浅瀬の形成を防いで、舟運機能を確保したかったからである。しかし、行き場を失った水は、逆川《さかさがわ》から銚子方面へ溢れ出し、現在の利根川下流域の水害を深刻化させることとなった。

近世土木と人神信仰

埼玉県北足立郡伊奈町小室に伊奈忠次の屋敷跡がある。

伊奈氏は信州伊那郡の出身で、忠次の祖父忠基の代には松平広忠（徳川家康の父）に仕え、三河国小島（現在の愛知県西尾市）の城主となった。本能寺の変の際には、堺を遊覧中であった家康を本国へと脱出させた伊賀越えに尽力した。家康が江戸に移封されると、関東代官頭として家康の関東支配に貢献して、武蔵国足立郡小室と鴻巣に一万石を与えられた。代官頭となった忠次は、中世以来城郭として使われてきたこの地に陣屋を構え、各地で検地、新田開発、河川の改修をおこなった。利根川や荒川の付け替え、知行割《ちぎょうわり》や寺社政策など、江戸幕府の財政基盤の確立に寄与し、関東各地の「備前渠《びぜんきょ》」や「備前堤《びぜんづつみ》」と呼ばれる運河や堤防は、忠次の官位「備前守」に由来している。また炭焼き、養蚕、製塩などを農民に勧め、桑、麻、楮《こうぞ》などの栽培方法を伝え広めたため、神仏のように敬われたという。こうしたことから忠次は「伊奈町」という町名の由来となった。

忠次の没後、関東代官職を継いだ忠治、通称半十郎も関八州の治水工事、新田開発、河川改修をおこない、荒川開削、江戸川開削に携わった。鬼怒川と小貝川の分流工事や、下総国、常陸国一帯の堤防工事なども忠治の仕事である。茨城県つくばみらい市、小貝川の左岸の福岡堰を見下ろす高台に、忠治を祭神に祀る「伊奈神社」がある。この神社は福岡堰をはじめとする治水事業に取り組み、領地の開発に功績のあった忠治を称えて、昭和一六年（一九四一）四月一八日に建立されたものである。

伊奈神社（茨城県つくばみらい市）

伊奈一族が治水事業の成功を顕彰されたいっぽうで、普請の難しさから、多くの犠牲者を出した工事もあった。

木曽川東岸の尾張は、江戸時代初期に「御囲堤《おかこいづつみ》」が築かれて、ほぼ完全に洪水から免れることになった。このため尾張の生産力は上昇し、公称四五万石という藩の実高は、一〇〇万石を超えるほどになった。しかし、御囲堤にはね返された木曽川の水は、右岸の堤防を壊して美濃側に流れ込み、被害を与え続けた。慶長から宝暦までの一四〇〜一五〇年間に、美濃では一一〇回以上の大洪水に襲われたという。美濃側が水害を免れるには、入りくんだ三川を分けるほかなかったが、宝暦三年（一七五三）になって、幕府は薩摩藩に御普請御手伝役を命じた。いわゆる「宝暦治水」である。

薩摩藩は家老平田靭負《ゆきえ》を総奉行に、大目付伊集院十蔵を副奉行に任じ、藩士以下約一〇〇〇人を派遣した。この治水工事は、宝暦三年の洪水で破損した堤を修復すること、木曽川の分流である佐屋川《さやがわ》の州を浚えて、木曽川の水を四割程度流れるようにすること、油島新田と松ノ木村のあいだで合流している木曽川（長良川）と揖斐川を分流することが目的だった。難工事のため、薩摩藩の財政に壊滅的な打撃を与えた。こうした幕府の横暴や、過重な労働から工事の犠牲者は割腹五五名、病死三四名、計八九名（うち四名は幕府側）に及び、平田靭負は自害したという説もある。

宝暦治水の効果は大きかったものの、美濃平野の村々が完全に洪水から免れるまでにはいたらなかった。水害はその後も起こり、幕末までにおこなわれた大名の御手伝普請は十数回に及んだ。木曽川水系の根本的な治水は、明治二〇年代以降、国、県による木曽川改修工事まで待たねばならなかったのである。

薩摩藩士たちは、この工事で大きな恩恵を受けた濃尾平野の輪中の人々から、「薩摩義士」と呼ばれて感謝されるようになった。岐阜県海津市海津町油島、揖斐川と長良川の背割堤約一キロにわたって連なる「千本松原」には、平田靭負を祭神とする「治水神社」がある。毎年春（四月二五日）と秋（一〇月二五日）には義士を偲んで慰霊祭がおこなわれ、鹿児島からも参拝客が訪れるという。また神社の北西側にある「宝暦治水観音堂」には、本尊の「観世音菩薩像」（治水観音）とともに藩士の位牌が祀られている。

5　奔流に翻弄された村と人

†柳田国男の利根川時代

近世の日本では耕地の開拓にともなう治水のため、防災土木技術が一挙に進んだ。しかし河川の氾濫が収まり、克服されたわけではない。近世以上に人口が増加し、住居地が広がった近代には、水害被災者は新たな選択を迫られることがあった。

柳田国男は少年時代、利根川べりで過ごし、この川の風物と水害を目の当たりにしてきた。その記憶と経験は、彼の民俗学の発端のひとつである。

柳田（当時の姓は松岡）は一二歳のとき父母のもとを離れ、茨城県布川《ふかわ》（現在の北相馬郡利根町）で医院を開業する兄・鼎《かなえ》の家に移り住むこととなった。さらに一三歳のときには、利根川対岸の布佐《ふさ》に転居し、両親も二年後にここに移り住んだ。布川の家の土蔵には、鼎に家を貸した医者の夥しい蔵書があり、その中に、『利根川図志』があった。『利根川図志』は安政五年（一八五八）に赤松宗旦《そうたん》が公刊した地誌で、利根川中・下流域、現在の渡良瀬川合流地点から太平洋河口までを対象に、名所・旧跡・物産・民俗・自然などを、多くの挿絵を交えて紹介したものである。昭和一三年（一九三八）に柳田が校訂し、岩波文庫から出版されている。

柳田は校訂本の解題で、同書の形成過程から布川のようす、出版事情を詳細に紹介している。

……私が覚えている頃にも、この本の挿画にあるよりは堤防はずっと高く、家は屋根の瓦ばかりがきらきらとして、旧家の問屋の表先はほの暗く、少し土手へ行くと堤の外はもう畠地で、第二の荷揚げ場はその間に移されてあった。河岸が年々の出水のたびに浅くなり、水筋が遠くなって、段々に船を寄せ難くなっていたからである。著者赤松翁の故居は宿《しゅく》の中ほど、この新河岸から土手を超えて、降りて出る角にあった。

思うに利根川水運の最盛時は、この書の出るよりもまた数十年の前、潮来出島《いたこでじま》の花菖蒲の民謡が、川に沿うて大江戸の町まで、運び出された頃にあるのであろう。著者が生まれた文化の初年から、水災の記録が少しずつ多くなっている。上流の開発が進んで行くと、出水に押出される砂土の量が加わり、川床はあがり瀬は変って、両岸の利害が相剋しやすくなっていたものかと思われる。その動揺と未来に対する不安が、著者自らも意識せぬこの書の動機の一つであったことは、文章の詠歎味が幽《かす》かながらこれを暗示している。

『利根川図志』には布川に近い押付村の「水神社」（水神宮）や、立木村の「文間明神ノ社」（蛟蝄《こうもう》神社）が取り上げられている。こうした水神を祀る社に少年柳田が興味を抱き、訪ねたことがあったかもしれない。

利根川を渡った布佐の家の斜め前には、岡田という家があり、男子は武松といった。柳田国男の晩年の回想録『故郷七十年』（一九五九年）には、岡田とともに筑波山を歩いた思い出が語られている。岡田武松は明治七年（一八七四）にここで生まれ、東京帝国大学物理学科を卒業後、中央気象台に入る。明治四四年に発表した「梅雨論」で理学博士となり、この研究は英国王立気象学会の「サイモンズ賞」を受賞した。日露戦争の際、岡田が打電した「天気晴朗ナルモ浪高カルベシ」は、戦況報告に付け加えた一文だったが、気象を表わす成句として人口に膾炙することになる。また「颱風（台風）」を気象用語として定着させたのも岡田だった。その後、海洋気象台（現・神戸地方気象台）初代台長、第四代中央気象台長（現・気象庁長官）を務めた。昭和二四年（一九四九）には文化勲章を受章している。

†荒川河岸の「幻の村」

利根川と並ぶ関東の大河川である荒川は、その名前のとおり「荒ぶる川」であり、洪水による氾濫を繰り返してきた。

甲武信ヶ岳を源流とし、滝川、大洞川《おおぼらがわ》、中津川、大血川《おおちがわ》などの支流とともに大滝地区の山地を東方に流れ、秩父盆地に入り、流れを北方に変え、横瀬川、赤平川と合流し、大里郡寄居町で関東平野に出る。古くは『日本三代実録』（九〇一年）に、天安二年（八五八）秋に「武蔵国水労」と記され、『吾妻鏡』には、建仁元年（一二〇一）八月の暴風雨で下総葛飾郡の海が溢れ、四〇〇〇人余が漂い没したと記されている。鴨長明が編纂したとされる『発心集』には、「武州入間河原の事」として、堤の中に畑や家屋があったこと、洪水により堤が切れ、天井まで水が溢れ、家が押し流されていくようすが描かれている。

近代以降では明治四三年（一九一〇）の大洪水は、利根川の洪水と合わせて埼玉県内の平野部全域を浸水させ、東京下町にも甚大な被害をもたらした。埼玉県内での被害は、堤防決壊三一四か所、死傷者四〇一人、住宅の全半壊・破損・流失一万八一四七戸、同じく非住宅が一万五四七戸、農産物の損害は現在の資産価値で一〇〇〇億円にものぼったという。この大洪水をきっかけに、明治政府は「臨時治水調査会」を設けて、抜本的な治水計画に乗り出した。この荒川改修計画により、荒川を上流部と下流部に分け、岩淵水門から下流に隅田川（当時の荒川）と分派する約二一キロメートルの放水路を新たに開削することを決定した。明治四四年に工事が開始され、昭和五年（一九三〇）に放水路が完成した。

荒川の河川敷には、かつては河岸《かし》（船着場）として栄えたが、近代の改修によって消滅した新川《しんかわ》村の跡がある。新川村は下久下《しもくげ》村と江川村が合併して明治七年（一八七四）に生まれ、明治二二年には久下村と合併、昭和一六年（一九四一）に熊谷市に編入された。

荒川の河岸場としては最上流に位置する新川河岸は、江戸時代には忍《おし》藩の御用河岸として年貢米の津出しがおこなわれ、明治時代の初期でも大きな規模だった。明治九年の調査

旧新川村、三島神社跡（埼玉県能谷市）

を基に編纂された『武蔵国郡村誌』の大里郡新川村には、村の戸数九六戸に対して、荷船が四六艘、渡船が四艘、荷車が一二輌と記録されている。村人の多くが水運業に携わり、農地は畑が三一町で水田はほとんどなく、養蚕がさかんだった。荒川の瀬替えにより、村の中央に新川が流れることになり、村は「上分《かみぶん》」と「下分《しもぶん》」に分断される。そして昭和初期の荒川の近代改修により、新川村は廃村となった。

立正大学地球環境科学部後藤研究室とＮＰＯ法人ＧＩＳパートナーシップによる新川村の調査研究には、この村で過ごした人々の貴重な証言が記録されている。そこには水害とともに生きた村民の哀歓が綴られている。

新川に生まれ、二〇歳になった昭和二五年（一九五〇）までここで育った太田恭一は、毎年、二百十日が近づくと、子供心にも「今年は、あらしが来なければいいが」と心配していたという。畑が冠水する程度の大水であれば、一年おきぐらいにやってきた。とくに昭和一三年と二二年の大洪水のことは、はっきりと記憶している。大水になるときは、丑《うし》寅《とら》（北東）から強い風が吹き、黒く低い雲が秩父の方へ飛んでいく。そんな日は朝から大忙しで、家財道具や畳をすべて二階に上げなくてはならない。二階の床板まで水が届きそうになったときは、寝るところがなくなってしまうのではないか、と気が気ではなかったという。

今から思えば大変不謹慎な話ですが「どうか神様、前の土手でも後ろの土手でも、どちらでも結構ですから、早く土手がきれますように」と祈っている声が聞こえてきたのを覚えています。夜中の二時頃、ゴーという音が聞こえました。土手が切れたのです。みるみる水が引けていきます。思わず「助かった」と大声で口々に叫びました。

「水をめぐる争い」のところですでにみたように、河川の氾濫においては、上流と下流、対岸同士の利害がせめぎ合うことは少なくなかった。同じような事態は、新川村でも起こり、太田の発言はそうした心情を生々しく吐露したものである。いまはなき「まぼろしの村」の生活誌を読むとき、生業の利点と水害の危険が背中合わせだった、こうした日本のどこにでもある、住民生活感情がひしひしと迫ってくるのである。

†十津川崩れ

奈良県の最南端に位置する十津川村は、日本の施政権がおよぶ地域では最大面積の村である。大和から熊野へ向かう熊野古道中辺路《なかへじ》の道筋として古来栄え、長さ二九七メートル高さ五四メートルの「谷瀬のつり橋」は観光名所として知られている。

明治二二年（一八八九）八月、秋雨前線が日本付近に停滞しているところへ、台風が南海上から接近、八月一八日から一九日にかけて和歌山県から奈良県南部の範囲に大雨をもたらした。奈良県吉野地方では一九日の雨量は一〇〇〇ミリを越え、時間雨量は一三〇ミリだったと推定される。六つの村からなる十津川郷では、大規模な山腹崩壊が一〇八〇か所で発生。十津川（熊野川）が刻んだ谷を土砂が埋め三七か所で天然ダムをつくり、多くの堰止湖が出現し、天然ダムの決壊にともなう洪水により甚大な被害が生じた。

山中いたるところに大きな山崩れをおこし、それが川をせきとめて湖を作り、周囲四キロをこえるものが九つもできた。しかも、その水がやがてせきとめていた土砂を押し流して奔騰《ほんとう》しはじめたのだから物すごかった。上野地、林などでは水位が八〇メートルをこえ、その他のところでも四〇メートルから五〇メートルあったから、かなり高いところにある人家まで一気に押し流してしまった。こうしてこわされ、あるいは流失した家が四〇〇〇軒に近かったということは、まともな家がほとんどなかったということである。そのうち、現地ではどうにも復旧の見込みのたたぬ者六〇〇戸が、郷里をすて北海道へわたって新十津川村をつくるのである。

（宮本常一「十津川くずれ」）

宮本常一が書くように、十津川郷の村民一万二八六二人のうち死者一六八人、全壊・流出家屋四二六戸、耕地の埋没流失二二六ヘクタールという大災害により、生活の基盤を失った者は約三〇〇〇人にのぼった。新たな生活地を求めて六〇〇戸、二四八九人が北海道への移住を決断し、新十津川村がつくられることになった。開拓に入るとすぐに学校建設に着手し、明治二四年（一八九一）三月に、徳富川を挟んで南北に一校ずつ小学校を建てた。明治三〇年代に入ると北陸地方などからの移住者により、水稲の作付けも本格化し、夜盗虫の大発生、石狩川の氾濫などの災害にみまわれながらも農業基盤を固めていった。

大正時代に入ると人口は一万五〇〇〇人を超え、農業生産力や財政規模の面でも空知《そらち》管内で屈指の自治体へと成長していった。水田の開墾に加えて「玉置坊主」という冷害に強い水稲品種を開発し、道内でも第一級の米作地帯となった。昭和三二年（一九五七）一月、ついに念願の町制施行を実現した。しかし、昭和三〇年（一九五五）の一万六一九九人をピークに人口は減少傾向をたどっている。

宮本常一は奈良の十津川はもちろん、北海道の新十津川も訪ねている。『宮本常一著作集10』（一九七一年）には『忘れられた日本人』とともに、「十津川くずれ」と「新十津川開村記」を自選により収録している。この二編は、『忘れられた日本人』のようなライフ・ヒストリーとは趣を異にするが、「忘れられた民衆史」として大変貴重なものである。日本全国を歩き災害被災者に接することも多かった宮本は、十津川の歴史に日本の「地方」のある典型をみたのであろう。

†「蝦夷富士」を仰いだ甲州人

県域の多くが山間部である山梨県では、林業などの山稼ぎや肥料・燃料となる草木採取がさかんだった。江戸後期には甲斐国では養蚕が普及し、笛吹川とその支流が流れる盆地東部の峡東地方では煮繭用の木材需要が高まった。明治六年（一八七三）に山梨県令・藤村紫朗が着任すると、藤村は殖産興業政策として製糸業を奨励した。藤村県政の殖産興業政策により、蒸気機関の燃料に木材が必要とされたため、山梨県では山林の荒廃が加速した。

藤村県政期には水害が多発しており、明治一五年（一八八二）、明治一八年（一八八五）の水害では多大な被害を引き起こしている。慢性的な水害の多発により山梨県の経済・県財政は疲弊した。明治二〇年代から明治三〇年代にも大水害が多発し、明治四〇年（一九〇七）八月下旬の大水害は、山梨県の近代における最大規模の自然災害となった。

明治四〇年八月、台風の影響による記録的大雨が発生、山梨県内でも二二日から雨が降り始め、二七日午後まで降り続いた。とくに県東部に大雨が集中し、土石流や土砂流の氾濫などによる大規模な土砂災害が発生した。崩壊箇所は約八〇〇〇か所、崩壊面積は約一〇キロ平方メートルに及んだ。死者二三三人、負傷者一八九人、家屋の全壊、半壊、破損および流失が一万一九二三戸、床上・床下浸水が一万五〇五七戸という大災害だった。県東部の東八代、東山梨、北都留《きたつる》、南都留の各地で、東八代郡の被害が最も大きかった。

この大水害の際、孤立した石和《いさわ》地区の人々に向かって、食糧の到着を「米キタ」「アス

「米キタ」「アスヤル」「船クルヒルコス」（笛吹市教育委員会蔵／提供：山梨県立博物館）

ヤル」など障子に大書して知らせたものが、貴重な資料として伝わっている。

大水害の直後から、罹災者の北海道への団体移住の動きが起こった。水害による北海道への移住は、十津川村の山地災害をはじめ、富山県水害、木曽川水害などの前例があった移住先には、道央の羊蹄山麓の倶知安《くっちゃん》村・弁辺《べんべ》村内の四地域が選定された。現在の倶知安町、喜茂別《きもべつ》町、京極町にあたり、各地に「山梨村」が誕生した。羊蹄山山麓に移住した山梨県民は、成層火山ならではの秀麗な山容から「蝦夷富士《えぞふじ》」と呼んで、故郷を懐かしんだ。冷涼な気候への不適応から移住者の多くは離農し、現在では、「山梨村」の移住者の子孫はわずかとなっているという。

『樅《もみ》ノ木は残った』などで知られる作家の山本周五郎は、幼少期に北都留郡初狩村（大月市初狩町下初狩）に居住し、一家は明治四〇年の大水害で被災している。明治四〇年の大水害の際、周五郎の一家は大月駅前に転居していたため難を逃れたが、初狩では高川山近くの寒場沢《かんばさわ》で豪雨による鉄砲水が発生し、祖父、祖母、叔父、叔母を失った。大水害後に一家は北豊島郡王子町豊島（現在の東京都北区豊島）に転居した。周五郎は明治四三年（一九一〇）王子町の豊島小学校に入学したが、この年の八月一〇日に荒川が氾濫し、住居が浸水。同年秋には神奈川県横浜市久保町（現在の横浜市西区久保町）に再び転居した。

周五郎は災害の悲惨な体験からであろうか、自身の山梨時代の記憶をほとんど語らなかったとされる。しかし、江戸の下町を舞台にした『柳橋物語』『むかしも今も』には、地震や水害や火事に翻弄される庶民が登場するなど、周五郎は虚構の形を借りて、自らの原体験を昇華し、大水害で亡くなった親族を弔い、減災を念じたのだろう。

隅田川左岸の「幼年時代」

現在の東京都区部の平地は、海の干潟や低湿地帯を、徳川家康入府後の埋め立てや治水事業で可住地化したものである。このため東京（江戸）は本質的に水害に対して脆弱だった。太田道灌《おおたどうかん》が江戸城を築いたころ、利根川は埼玉県吉川市で荒川（現在の元荒川）を合わせて下流し、さらに隅田（洲田）で入間川（現在の隅田川）を合流して隅田川となり、東京湾に注いでいた。このため、ひとたび豪雨にあえば下流の地域を洪水にした。

東京府の墨田区域は、水利を活かして多くの工場が建ち、近代産業の中心地となる。田畑や旧武家地は工場となり、労働者人口が増加した。隅田川には、渡し舟のほかに一銭蒸気が往来して活況を呈していたが、豪雨にみまわれると住民は洪水に苦しめられた。とくに明治四三年（一九一〇）の洪水は大きな被害を及ぼした。

こうした環境のなかで、明治三七年（一九〇四）に生まれ、幼少期を隅田川のほとりで過ごした四人の作家がいる。堀辰雄、幸田文《あや》、佐多稲子、舟橋聖一である。四人のうち堀辰雄と幸田文は、水害とともに暮らす隅田川河岸の人々の姿を、鮮やかに捉えた。

堀辰雄は明治三七年一二月二八日、東京府東京市麴町区麴町平河町五丁目二番地（現在の東京都千代田区平河町二丁目一三番）で生まれた。父・浜之助は広島藩の士族で、維新後上京、東京地方裁判所の監督書記を務めていた。母西村志気《しげ》は、東京の町家の娘。浜之助には妻がいたが子どもがなかったため、辰雄を堀家の嫡男として届け出た。志気はその後、辰雄を連れて向島小梅町（現在の墨田区向島）に転居し、彫金師の上條松吉と結婚して、辰雄は松吉を実父と思って成長した。

小説『幼年時代』で辰雄は向島時代を情感豊かに描くとともに、大水の記憶も綴っている。

何処かで半鐘が、間を隔いては、鳴っていた。

細工場の方の棚は漸っと出来上ったらしかった。箪笥や何かが次ぎ次ぎにその上に移されていった。その次ぎはもう、そこで水籠をすることになった父たちを残して、私と母とが神田の方へ避難するばかりだった。近所の水の様子を見にやらされた弟子の佐吉は、膝の上まで水に浸ってじゃぶじゃぶやりながら、外へ出ていった。

その間に母は私にすっかり避難をする支度をさせた。最後まで私が手離さないでいた玉網も、とうとう父に取り上げられた。そうやって父や母などに一しょにいだすと、一人でいたときはあれほど平気でいられた私は、俄にわけの分からない恐怖のなかへ引きずり込まれてしまった。そうして一度無性に怯え出してしまうと、幼い私のなかの、大人の恐怖は、もう私一人だけでは手に負えなかった。

一方、いままではちゃんと間を隔いて鳴っていた近所の半鐘の方も、そのとき突然自分の立てつづけている音に怯え出しでもしたかのように、急に物狂おしく鳴り出していた。

それを聞いて一層私が怯えるので、最初は父は溝の多い路地を抜けたところまで私達に附添ってくる積りだったのに、とうとう母と、佐吉に背負われた私とについて、全く水の無くなる土手上まで来なければならなかった。土手の上は、私達のような避難者で一ぱいだった。父は大川端へ行って、狂おしいように流れている水の様子を眺めてから、再び一人で水漬いた家々の方へ引っ返していった。

本所向島で幼少年時代を過ごし、隅田川の氾濫をたびたび経験した堀辰雄は、母・志気を亡くした。火炎旋風から逃れ、夫と辰雄とはぐれた志気は隅田川で亡くなり、竜巻で吹き飛ばされ、川に落ちた辰雄は小学校時代の同級生の差し出す棒につかまり、船上に救い出されたという。

幸田文は明治三七年九月一日、作家の幸田露伴、母幾美の次女として東京府南葛飾郡寺島村（現在の東京都墨田区東向島）に生まれる。明治四三年（一九一〇）、五歳のとき母を、同四五年（一九一二）、八歳のとき姉の歌を失う。四五年に露伴が児玉八代《こだまやよ》と再婚。大正六年（一九一七）に寺島小学校を卒業した。

決潰の危険が去ると、誰もみな川岸へ行かずにはいられない気持がするものである。

腹を立てているような川の姿をこわごわ見に行きたいのだ。見ても、川はどうにもなりはしなくて、手がつけられない勢いである。水量が多く、迅くて、うねっていて、泥濁りで、どおんどおんというような底響《そこひび》きがあって「たたっこわそうとしている」感じで急流になっている。

その泥濁りの急流のなかに、翻弄されきって流れて来るのは、家具や造作の類である。板戸などが縦ざまに、くるりくるりとひっくり返されながら来る。（略）さらにもっと身ぢかな親しいもの――簞笥・おはち・桶・樽・簀《す》の子などが流されて来ると、しまいには悲しさや恐ろしさが消えて、こちらもおこりだしたくなる。平和とだんらんを流して行きやがった！　というくやしさが来る。害された、という思いが濃い。家具よ！　といういとしさがたまらないのである。無力に翻弄されているのに、なお形を保って流されて行くのである。家具が川のなかを行けば、異変が正常をぶっこわした、と眼に焼きつくのである。

（幸田文「川の家具(二)」）

幸田文は昭和二二年（一九四七）、父露伴の没後、本格的に文筆家としてデビューし、

『みそっかす』『流れる』『おとうと』など自身の経験を踏まえた小説を書いた。そして七二歳のとき、偶然目の当たりにした山地崩落現場に魅せられ、日本各地の山崩れ、地滑り、噴火を見てまわり記録していった。それが災害文学の名作『崩れ』である。

堀辰雄も幸田文も長じて文学者となったが、水害の記憶を、市井の子どもとして鋭敏な感性で捉えていた。空想の産物ではない、生々しくも鮮やかな「災害文学」として、二人の作品は際立ったものだといえる。そうして二人の生きた下町風景は失われたものの、都市圏の大水害はいまでも繰り返されているのである。

†鬼怒川河畔の「十一面山」

茨城県常総《じょうそう》市の、鬼怒川中流域の東側に河畔砂丘林があり、その高台は「十一面山（若宮戸山）」と呼ばれる。

明治初頭に描かれた迅速測図《じんそくそくず》によると、十一面山は最高地点は三二・二五メートルに達し、標高一七メートルから一八メートルの東側一帯の自然堤防より約一四〜一五メートルほど高かった。延長約二キロメートル、最大幅約四〇〇メートル、総面積約二〇ヘクタール余に及び、大きく三筋の河畔砂丘が連なる大規模なものだった。

鬼怒川の水流が運んできた砂を冬の北西季節風「日光おろし」が吹き寄せ、東岸に砂丘を形成したもので、その良質の砂は、高度成長期に東京オリンピックに関連する工事のため東京に運ばれた。さらに石油やガスの普及で、薪炭林としても活用されなくなったこの林は、松食い虫の被害でアカマツも少なくなり、周辺の桑畑や野菜畑も放置され、廃車などが不法投棄されるようになった。平成一五年（二〇〇三）には市民が十一面山の自然を守り、保全整備を促進する会を結成し、トラック一五〇台分もの不法投棄物を撤去して、苗木の植樹なども実施してきた。

観音堂と十一面山（茨城県常総市）

南北に長い十一面山の中間付近、常総市本石下《もといしげ》には、十一面山の名の由来となった「金椿山泉蔵院十一面観音堂」がある。この観音堂は、伝行基作の十一面観世音菩薩を祀る。泉蔵院は下妻市にある「普門寺」の門徒寺で、歴史は延文二年（一三五七）に遡り、往時は境内に十一面観音堂のほか、牛頭天王宮、不動王堂、日天宮、薬師堂などが軒を連ねていたようである。「下妻板東三十三観音」の第一八番札所になっているものの、現在は無住で、平成六年に新築された観音堂と鐘楼が建つ静かな佇まいである。しかし地元の信仰は厚く、毎月九日には「観音講」が開かれている。

常総市を流れる鬼怒川は、平成二七年（二〇一五）九月九日から一一日にかけて豪雨災害に見舞われた。付近では一〇日早朝より鬼怒川の数か所で越水や堤防からの漏水が発生し、一二時五〇分には同市三坂町で堤防一か所が決壊。これにより常総市では鬼怒川と小貝川に挟まれた広範囲が水没し、死者二名、負傷者四〇名以上、全半壊家屋五〇〇〇棟以上という甚大な被害を受けた。鬼怒川河畔の十一面観音堂では九日の夜は観音講で、日付がかわった午前二時二〇分に若宮戸に避難指示が出されて、六時には激しい氾濫が始まった。観音堂は本殿前石段の二段目まで浸水したという。

ソーシャルニュースサイト「ハフィントンポスト」は「鬼怒川の氾濫、ソーラーパネル設置で丘が削り取られていた場所からも」と題し、鬼怒川の堤防沿いの複数の地点から水が氾濫したが、そのうちの若宮戸付近にはもともと堤防がなく、太陽光発電所の建設の際に、堤防の役割を果たしていた丘も削り取られていたことがわかったと報じた（二〇一五年九月一〇日付）。この地点は、大型の土嚢《どのう》を積んで対応していたが、国土交通省も若宮戸地区で、鬼怒川の水が溢れる「越水」が確認されたと発表した。付近に堤防がないことは、平成二六年六月の常総市議会でも指摘されていた。さらに、十一面山が堤防の役割を果たしていたとされるが、この丘も民間業者のソーラーパネルの設置により、丘陵部が延長約一五〇メートル、高さ二メートル程度、市に無断で削りとられていたというのである。

高度成長期の砂の採取、その後の不法投棄、そして近年のソーラーパネル設置に伴う丘の掘削。さらに鬼怒川洪水と新堤防強靭化工事のため、風景が大きく変わることが予想される。十一面観音を祀る十一面山は、戦後から現在に至る不幸な里山の縮図のようである。

第二章

地震と津波

——常襲・避難・予知

1　平成二三年東日本大震災

†地震津波の常襲地

平成二三年（二〇一一）三月一一日午後二時四六分、日本の太平洋三陸沖を震源としてマグニチュード九・〇の地震が発生した。日本における観測史上最大規模の地震で、最大震度七を観測した。この地震により大津波が起こり、青森県から千葉県までの太平洋沿岸を中心に大きな被害をもたらした。死者一万五八九四人、重軽傷者六一五二人、警察に届出があった行方不明者は二五六一人だった（二〇一六年三月一〇日、警察庁発表。ただし未確認情報と余震によるものを含む）。日本国内で起きた自然災害で、死者・行方不明者が一万人を超えたのは、戦後初めてのことであった。

近代以降の大震災のなかでも、関東大震災が火災、阪神淡路大震災が建物の倒壊による死者・負傷者が多数であったのに比べて、東日本大震災は津波による被害者がほとんどを

建物に乗り上げた観光船、岩手県大槌町（提供：朝日新聞社）

占めた。また東北の太平洋側が、何百年、何十年の単位で津波に襲われることが、この震災で周知されることとなった。記録に残るものでは、慶長一六年（一六一一）一〇月二八日に発生した「慶長三陸津波」、明治二九年（一八九六）六月一五日に発生した「明治三陸津波」、昭和八年（一九三三）三月三日の「昭和三陸津波」、昭和三五年（一九六〇）五月二三日（現地時間二二日）にチリを震源とする地震により翌二四日に日本列島に襲来した「チリ地震津波」、そして今回の東北地方太平洋沖地震による大津波などがある。

貞観一一年（八六九）五月二六日に陸奥国《むつのくに》東方沖（日本海溝付近）の海底を震源域として発生したと推定されている「貞観地震」

（あるいは「貞観三陸地震」）は、地震の規模は少なくともマグニチュード八・三以上だったとされ、地震に伴い発生した津波による被害も甚大だった。『日本三代実録』には、この地震にかんする記述がある。

「流れる光が昼のように照らし、人々は叫び声をあげ、身を伏せて立つことができなかった。ある者は家屋の下敷きになり圧死し、ある者は地割れに呑み込まれた。牛や馬は驚いて走り出し、踏みつけ合い、城や倉庫、門櫓《もんやぐら》、牆壁《しょうへき》が崩れ落ちた。雷のような海鳴りが聞こえ、潮が湧き上がり、川が逆流し、海嘯《つなみ》が長く連なって押し寄せ、瞬く間に城下に達した。内陸まで水浸しとなり、野原も道も大海原となった。船で逃げたり、山に避難することもできず、一〇〇〇人ほどが溺れ死に、田畑も財産もほとんど何も残らなかった」

この記載のうち、「流れる光が昼のように照らし（流光如昼隠映）」は、宏観《こうかん》異常現象（大地震の前に、人の感覚によって感知される前兆現象とみられる現象）の一種ではないかともいわれる。

この大地震に対し朝廷は、紀春枝《きのはるえだ》を陸奥国地震使に任命。清和天皇が伊勢神宮に使者を遣わして奉幣した。朝廷はまた、遺体から疫病が発生するのを防ぐため、死者をすぐに埋葬するようにと命じた。このように古代においても、さまざまな震災対応が講じられたのである。

†「奇跡」と「悲劇」

東日本大震災の際、岩手県釜石市の鵜住居《うのすまい》地区では、大津波が町を襲い、ＪＲ山田線の鵜住居駅と線路が流失、鵜住居地区防災センターが水没するなどして、死者・行方不明者は五八三人に及んだ。釜石市の死者・行方不明者は約一二〇〇人で、その半数近くを鵜住居の人が占めたのである。

岩手県釜石市の小中学校では、災害工学の専門家による指導で、「津波てんでんこ」を日頃から学習し、避難訓練を重ねてきたため、生徒が急いで避難し、命を取り留めた。津波てんでんこは、海の近くで大きな揺れを感じたときには、肉親にもかまわず、てんでん、ばらばらに高台に逃げ、津波から自分の命を守れという災害教訓である。

釜石市立釜石東中学校の生徒たちは地震発生後、ただちに高台へ避難を開始した。生徒の一部は校庭に整列しようとしたが、副校長らが走って逃げるように指示した。釜石市立鵜住居小学校では、当初、児童を三階に集めようとしたが、中学生が高台に向かって走っていくのを見て、同じように避難を開始した。小中学生約六〇〇人は、海抜約一〇メートルの福祉施設に到着したものの、裏の崖が崩れそうになっていたため、さらに高い海抜約三〇メートルの介護施設に避難した。この地区を襲った津波の遡上高は二〇メートルに達し、小中学校と福祉施設は水没したものの、学校の監督下にあった児童生徒は全員が助かった。この避難行動は「釜石の奇跡」と呼ばれるようになった。

釜石市鵜住居町には、防災拠点として建設された防災センターがあった。このセンターの建設以前も、以後も、地域の津波一次避難場所は「常楽寺裏山」と「鵜住《うのすみ》神社境内」だった。しかし近年、高台で実施していた津波避難訓練の参加率が低迷していたため、低地にある防災センターで訓練をするようになった。訓練の参加者は約二倍に増えたものの、防災センターが避難場所であるという誤解を招き、地震後には約一五〇人を超える人々がそこに逃げ込んだ。防災センター避難者のうち生存者は二八人、建物内から六三人の遺体が見つかった。この惨事はその後、「釜石の悲劇」と呼ばれるようになった。

災害への対応をこうして素描することはできても、「奇跡」や「悲劇」という言葉で括ったときに抜け落ちてしまう、複雑な事情があったのではないだろうか。こうした事態のあとも、生き残った人々は死者への悔悟の思いを抱きながら、日々の営みを継続していかなければいけないのである。柳田国男はこうした名状しがたい庶民の心情と行動を、少しでも理解しようとして東北を歩いたのである。

†柳田国男の三陸紀行

大正九年(一九二〇)、『東京朝日新聞』の客員論説委員となった柳田国男は、東北三陸沿岸部を旅し、「豆手帖から」と題する紀行文を連載した。このなかで、明治二九年の津波被災地である宮城県唐桑半島の「宿《しゅく》」の印象を綴った「二十五箇年後」は、大震災のあと多くの新聞や雑誌に取り上げられた。

　唐桑浜の宿という部落では、家の数が四〇戸足らずの中、ただの一戸だけ残って他はことごとくあの海嘯で潰れた。その残ったという家でも床の上に四尺あがり、時の間にさっと引いて、浮くほどの物は総て持って行ってしまった。その上に男の児を一人亡くした。八つになるまことにおとなしい子だったそうである。道の傍に店を出している婆さんの処へ泊りに往って、明日はどことかへ御参りに行くのだから、戻っているようにと迎えにやったが、おら詣りとうなござんすと言って遂に永遠に還って来なかった。

この話をした夫人はその折一四歳であった。

柳田が大正時代に訪れた気仙沼市唐桑地区の、東日本大震災による死者は一〇二人、行方不明者数は三人におよび、宿の集落は今回も壊滅的な被害を受けた。柳田は明治の津波のあと、いったん集落が高台に移転したものの、しばらく経つうちに、再び海辺に住居を戻していった村人の事情と心情を推し量っていた。

柳田の「豆手帖から」には、現在の岩手県釜石市鵜住居地区を訪ねたときの印象を綴った「鵜住居の寺」という文章がある。柳田はこのとき「浄楽寺」という寺院で「供養絵額」を見た。供養絵額というのは岩手県の遠野を中心とした地域で、死者を供養するために家族や友人が寺院に奉納した板絵と、その習俗である。江戸時代の弘化・嘉永年間頃に生まれ、明治時代の最盛期を経て、大正時代まで及ぶ。描かれている死者のほとんどは、豪華な家の座敷で、美しい着物などで装っている。そして生前に好んだ趣味や遊び、仕事をしている姿に、贅沢な料理や酒が配される。

……不思議なことには近頃のものまで、男は髷《まげ》があり女房や娘は夜着のような衣物を着ている。ひとりで茶を飲んでいる処もあり、三人五人と一家団欒の態を描いた画も多い。後者は海嘯で死んだ人たちだといったが、そうでなくとも一度に溜めておいて額にする例もあるという。立派にさえ描いてやれば、よく似ているといって悦ぶものだそうである。こうして寺に持って来て、不幸なる人々はその記憶を、新たにもすればまた美しくもした。まことに人間らしい悲しみようである。

柳田が訪ねたとされる「浄楽寺」は、正しくは「常楽寺」で、平成の大津波はこの寺の本堂まで押し寄せ、数々の供養絵額も流されてしまった。また約一四〇〇軒の檀家のうち、約一〇〇〇軒が被災し、四三〇人が亡くなったという。

鵜住居地区の長内川《おさないがわ》の河口近くの高台にある鵜住神社には、震災前まで、石段の下に観音堂が建っていた。そこにあった「十一面観音立像」は、室町時代後期の永正七年（一五一〇）に造立され、江戸時代まで鵜住神社に祀られていたものである。しかし、明治の神仏分離で新たに観音堂が建立され、そこに安置されることになったのである。

今回の大津波で観音堂は流失し、観音像も土砂をかぶって破損した。大矢邦宣《くにのり》盛岡大学教授（当時）は、学生とともに観音像の破片を集め、観音像は京都市の技師らによって修

十一面観音像（鵜住居観音堂蔵／提供：岩手県立博物館）

復された。展覧会「記憶をつなぐ——津波災害と文化遺産」（二〇一二年九〜一一月・国立民族学博物館、一三年一〜三月・国文学研究資料館）で公開されたこの観音像は、胎内に僧形の神像らしきものを納め、右手に錫杖を持つ構えをした「長谷寺式」の十一面観音像だった。前章で、治水の「記念碑」として日本の各地に十一面観音が造立されたことを指摘した。三陸の海辺にも「長谷寺」「長谷観音」という名の寺院が点在している。鵜住神社の観音像もおそらく、高台から海を見守り、海難や大津波がないようにと祈念されてきたのではなかったろうか。

2　震う神、震える民衆

†未曽有の「地動」

ここからは古代から中世にかけて記録された地震史料をたどってみよう。『日本書紀』にある最古の地震の記録は、允恭《いんぎょう》五年（四一六）七月一四日のもので、「地震（なゐふる）」とある。推古七年（五九九）四月二七日には大和で、地震で家屋が倒壊した被害の記録がある。この地震も震源域は特定されていないが、「地動《ないふ》りて舎屋ことごとくに破たれぬ。則ち四方に令して地震の神を祭らしむ」と記される。これは「地震の神」を祀った古い記録である。

神奈川県平塚市にある「平塚八幡宮」は、神話的な由緒のなかで大地震の記憶をとどめる。仁徳天皇の六八年、天皇はこの地方を襲った大地震に苦しむ人々を見かねて、国土安穏を祈り、応神天皇の神霊を祀った。推古天皇の時代にも大地震があり、天皇は「鎮地大神」の宸筆《しんぴつ》を捧げ、国家安泰を祈願し、社殿を造営した。さらに天武天皇は宝剣「天晴《あめのはる》彦《ひこ》」を奉納、聖武天皇は相州《そうしゅう》一国一社の八幡宮として法華経を奉納した。鎌倉時代以降も源頼朝が政子の安産を祈願して白馬を献上、徳川家康は社領を寄進するとともに、伊奈忠次に命じて社殿を再建させた。近代に至り、関東大震災で社殿は崩壊したものの、昭和三年（一九二八）に再建された。

天武天皇一三年（六八四）一〇月一四日夜一〇時頃、大地震があったと『日本書紀』には記されている。国中の男女が叫び逃げ惑い、山は崩れ、河は溢れた。諸国の郡舎、家屋や倉庫、寺社も倒壊したものは数知れず、多数の人や家畜が死傷した。伊予の温泉も埋もれて、湧いていた湯が止まった。土佐国では五〇万頃《けい》（約一二平方キロメートル）の田畑が沈下して海になった。「このような地震は、未曽有のことだ」と古老は言った。この夜、太鼓の鳴るような音が東の方から聞こえた。ある人は、「伊豆島の西と北の面が自然に三〇〇丈あまり広がり、もう一つ島ができた。太鼓の音のように聞こえたのは、神がこの島を造ったときに響いたものだった」と言う。この地震では、土佐の国司が「大波が押し寄せ、海水が湧き返り、租税を運搬する船を多く失った」と報告していることから、津波が発生したとみられる。

『続日本紀』の天平六年（七三四）四月七日の条には、大地が大いに震い、天下の民衆の家が倒壊し、多くの圧死者が出、山崩れ、川の閉塞、数えきれないほど地割れが発生したと記されている。この地震の後、畿内七道諸国に遣いが出され、神社、天皇陵八か所などの被害状況が調べられた。聖武天皇の大仏建立もこの地震が後押ししたと考えられる。

延暦一三年（七九四）七月には、長岡京地震が起こった。朝廷は長岡京からの遷都を検討していたが、この地震のため一〇月に平安京に遷都した。奈良で地震に襲われ、長岡に都を替えたものの、すぐまた京都に遷ることになったのである。しかし、遷都した京都盆地は、さらなる地震多発地帯だった。

天長四年（八二七）、京都で群発地震が始まり、七月中は連日「大震」「小動」が続いて、年間で四三回もの地震に襲われた。周囲を山々に囲まれた京都盆地の地形は、繰り返し地震が起こってきたという、大地の活動で形成されたものである。このため京都周辺では、一〇〇〇年から数千年ほどで同じ活断層がずれを繰り返すのである。

†引き続き揺らぐ平安京

貞観年間（八五九〜八七七年）には、五年に越中・越後、一〇年に畿内、一一年に三陸で大地震が起きた。

貞観一〇年（八六八）近畿地方を襲った地震では、播磨の郡舎や寺格の高い寺院の堂塔が倒壊した。マグニチュード七・〇以上と推定されるこの地震の震源は、播磨国の山崎断層で、六甲山地東南縁断層帯、淀川地帯の断層を通じて京都までが揺れる広範囲なものだった。朝廷はこの地震が、六甲山断層地帯の線上に位置する「広田社」と「生田社」の「フシゴリ」（怒り）によって起きたと考えた。また最も被害が大きく、震源と考えられた播磨国の「広峯神社《ひろみね》」を広く知らしめることとなった。この地震について歴史学者の保立《ほたて》道久《みちひさ》は、古代における地震神の観念と、スサノオ信仰に結びつけて考察している。

日本神話では、スサノオが姉神アマテラスを慕って高天の原に駆け上がったとき、「山川ことごとく動《とよ》み、国土みな震《ゆ》りぬ」ということが起こった。広峯神社は、貞観八年（八六六）七月に従五位下の神階（神位。人から神に与えられる位階）を授けられた、播磨国の速素戔烏《はやすさのお》神の社がもとであると考えられる。平安京で同じスサノオを祀る「祇園社」（現在の八坂神社）も、京都の東部を南北に走り、近江の朽木谷《くつきだに》にのびる花折《はなおれ》断層の真上に建つことから、人々は播磨の揺れが伝わったとみたのではないかと保立は推測している。

このように頻繁に揺らいだ九世紀の平安京で、日本で最初の地震史集成を編んだ人物がいた。左遷された大宰府で失意のうちに亡くなり、雷神、御霊、さらには天神として信仰されるようになった菅原道真《すがわらのみちざね》である。道真が寛平四年（八九二）に完成させた『類聚国史《るいじゅこくし》』は、『日本書紀』『日本後紀』『続日本後紀』『日本文徳天皇実録』『日本三代実録』の記事を事項別に分類し、年代順に収録したものである。その第一七一巻が「災異部五、地震」だった。道真は一八歳で文章生になり、二六歳のとき「方略試」という試験を受けた。式部省がおこなう国家試験のなかでも最も難しい試験で、そのときの二問のうちの一問が地震についての設問だった。その二問とは「氏族を明らかにす（明氏族）」と「地震を弁ず（弁地震）」で試験に合格した道真は三三歳で文章博士に補せられた。

鎌足・田村麻呂・清盛と地震

実在した人物が、地震の揺れに関わったという伝承や信仰がある。

奈良県桜井市、多武峰《とうのみね》の「談山神社《たんざん》」は、藤原鎌足の廟所をもとにした「妙楽寺」という寺院だった。多武峰はまた「御破裂山《ごはれつやま》」と呼ばれ、天下が激動するとき、妙楽寺の鎌足像が「破裂する」と言い伝えられてきた。

京都の東山にある「将軍塚」も、事変が起こる前には「鳴動する」と伝えられてきた。

この塚は坂上田村麻呂の墓ともいわれ、華頂山《かちようざん》山頂の大日堂と呼ばれる地にあり、麓の青蓮院のあたりに活断層がある。平安遷都のとき桓武天皇が京城の守護神として土で八尺の土偶を作り、それに甲冑を着せ、弓箭を持たせ、京都盆地を見おろす東山の峰に西向きに立てて埋めた塚だとされる。

将軍塚鳴動の最初の記録は保元元年（一一五六）に遡る。『源平盛衰記』によると、源頼朝が挙兵する前年、治承三年（一一七九）七月には、三度にわたってこの像が鳴動し、ついでまもなく大地震が起こったという。慶長一九年（一六一四）には、一一月三日、一九日、二四日、二六日に将軍塚の鳴動が記録され、そのあと、二六日の一四時頃、京都で震度五に相当する大地震があった。天明六年（一七八六）の春より秋にかけて将軍塚鳴動という記録があり、この年七月一八日には京都から大坂にかけて大きく揺れ、大山崎では山崩れがあった。

なお地震学者の尾池和夫によると「将軍塚」や「将軍山」と呼ばれる古墳は日本各地にあり、長野県、善光寺平の西辺の断層崖の上にある「川柳《せんりゆう》将軍塚古墳」、藤原鎌足の墓ともいわれる大阪府茨木市西安威《あい》の「将軍塚古墳」は代表的な物である。また春日大社、吉田神社、石清水八幡宮、深草陵、醍醐陵などにも鳴動の記録があり、明応七年（一四九八）の明応南海地震の前には各地が鳴動したという。

元暦二年（一一八五）七月九日午刻に推定マグニチュード七・四の地震が起こった。この地震は、元暦年間に発生したが、この天変地異により、翌月の八月一四日に文治《ぶんじ》に改元されたことから「文治地震」と呼ばれることも多い。京都の被害が大きく、『方丈記』にも、「海は傾きて陸地をひたせり」とあることから、津波が起きたと考えられる。『平家物語』は、この地震を「平家の怨霊にて、世のうすべきよし申あへり」と記す。地震の三か月前に平家が壇ノ浦で滅亡していることを踏まえて、『愚管抄』は「竜王動とぞ申し、平相国竜になりてふりたると世には申しき」といい、清盛が竜となって大地を揺らしたと噂になったとみられる。

†竜神と鯰と要石

『長谷寺縁起文』によると本尊の台座の盤石は竜王の国から地上に出現したもので、その左脇には竜穴があり、天竺の無熱地と通じているという。中世史学・絵画史学者の黒田日出男によると、興福寺の南大門東南の崖下や南山、葛城山、熊野三山、彦山、比叡山などにも竜穴があり、これらを互いにつないで「弁才天穴道」「走湯山の八穴道」、熱海社の

「九穴道」などが縦横に走っていると考えられていた。日本の国土の地底には竜穴があったというのである。前出の保立道久は、古代中世には雷電・地震・噴火について、三位一体の自然観・世界観があったという。竜が雷電を起こし、地震を響かせ、そして火山に棲むという観念があった。さらに地震の発生が「竜動」と関連していたという説があり、「竜動」「竜王動」または「竜神動」が、地震を起こすという考えかたもあった。

寛永元年（一六二四）に描かれた『大日本国地震之図』には、日本の国土が竜に囲まれて楕円形になり、竜の頭、目、角、鬚、鱗、背鰭《せびれ》が描かれ、一二の背鰭が一二の月にそれぞれ対応しているという。「竜神動」はこのうち二月、七月、九月に対応し、日本の国土・暦・地震と関連づけられた。

常陸国一宮「鹿島神宮」は、日本全国に約六〇〇社ある鹿島神社の総本社で武甕槌神《たけみかづち》を祭神とする。境内にある「要石《かなめいし》」は、金輪際《こんりんざい》から生える柱といわれ、地震でも揺るがず、この柱で日本は繋ぎ止められているという。また「要石」は、地上に出ている部分はごく一部で、地中で暴れて地震を起こす竜を押さえているという。竜はのちに大鯰とされるようになった。鹿島の神が大地に要石を打ちつけ、鯰の首尾を押さえ込んでおり、鹿島神が留守をしたり、気を緩ませたりすると地震になるともいう。要石は香取神宮にもあり、鹿島神宮の要石は大鯰の頭、香取神宮の要石は尾を押さえている。また、ふたつの要石は地中でつながっているという言い伝えもある。

安政二年（一八五五）一〇月二日の夜一〇時ごろ、マグニチュード六・九の直下型地震が江戸を襲った。震央は東京湾の北部と推定され、激震地域は本所、深川、浅草、下谷など下町を中心に、一万人前後の死者が出たとされる。この大地震の際、鹿島の要石や鯰をモチーフにした「鯰絵」が大量に刷られた。鯰絵には鹿島神宮の祭神である武甕槌神が、大鯰を踏みつけたり、剣を振り下ろす姿とともに、「ゆるげども、よもや抜けじの要石、鹿島の神のあらん限りは」という歌が記され、この歌を紙に書いて三回唱えて門に張れば、地震の被害を避けられるといわれた。鹿島神宮と地震に関する俗信は、この歌によるところが大きいとされる。しかしこの俗信は、日本全国に及ぶものではなく、関西では、瓢簞《ひょうたん》で鯰を押さえる絵柄のほうが広く親しまれたという。また、地震被害から

「安政大地震絵（鯰大尽の遊び）」（国立国会図書館デジタルコレクション）。鯰絵のひとつ

の復興で利益を得た職人や商人のようすを描いた鯰絵も人気を集めた。

†襲われた巡礼

文政一三年（一八三〇）七月二日の午後四時頃、京都の町を直下型の地震が襲った。マグニチュードは六・五と推定され、京都の町にとって寛文二年（一六六二）以来、一六八年ぶりの大震災だった。御所では築地塀が倒れて外から中が見えるようになり、市中に満足な土蔵が一つもなくなった。この地震による洛中洛外の死者は、七〇〇人に達したとも伝えられる。地震をきっかけに「文政」は「天保」と改元されたが、余震は収まらなかったので、「天ばかり保っても地の揺れは止むまい」と揶揄されたという。また京都の人が、伊勢神宮への「おかげ詣り」の参詣者に、十分施しをしなかったことへの神罰だといわれたともいう。

弘化四年（一八四七）三月二四日の午後九時頃、長野県北部を震源とするマグニチュード七・四の地震が起こった。「善光寺地震」と呼ばれるこの地震と、その後発生した火災により、御開帳で賑わっていた善光寺界隈はほぼ壊滅し、山間地では地すべりや山崩れが多発した。町の直下が震源域だったことから、強震動による家屋倒壊が発生し、その後に火災も発生。善光寺の門前町周辺だけで圧死や焼死で約三〇〇〇人、全体で八〇〇〇〜一万数千人の犠牲者が出た。このうち少なくとも約一七〇〇人は善光寺詣の旅行者だった。

別所温泉の「北向観音常楽寺」には「善光寺地震絵馬」が掲げられている。尾張国の市之助は一五人の一行と旅をしていたが、ひとりだけ分かれて北向観音に参詣してから、一行と合流し善光寺に詣でた。そこで地震に遭い、ひとりだけ難を逃れた。この絵馬には、市之助が北向観音の「御光り」に導かれて避難するようすが描かれ、災難除けのお礼に奉納されたものである。

倒壊や火災から免れた参詣者は、街道沿いの住民の助けを借りて帰郷していった。善光寺地震のようすは各地に伝えられ、近世末期の「物見遊山」、大衆旅行の隆盛を物語る一幕ともなったのである。

†「予言」と「予防」

「件《くだん》」という妖怪がいる。件が天変地異や、戦争、流行病などを「予言」すると、必ずそれは起こるといわれている。自然災害を「予知」できるかどうかは、今日でも大きな関心事だろう。今村明恒《いまむらあきつね》は、日頃からの減災防災の準備を強調したにもかかわらず、あたかも妖怪の「予言」のように理解された不運な地震学者である。

今村は明治三八年（一九〇五）、雑誌『太陽』の九月号に、「市街地における地震の損害を軽減する簡法」という論文を発表した。そこには、大地震が起きて水道管が破壊された場合、「帝都の消防能力は全く喪失」するなどといったように、地震が大都市を襲ったときの火災の危険について警告を発するものだった。今村の論文は『東京二六新聞』が「今村博士の大地震襲来説、東京市大罹災の予言」と題して取りあげたことから、騒動を呼び起こした。このため、東京帝国大学理科大学の地震学講座の上司である大森房吉が、今村に釈明と取消を促し、事態の沈静化をはかった。ところが翌三九年の二月二三日、千葉沖で地震が起こった際に、官庁や公共機関に中央気象台をかたって「二四日夕方に大地震がある」と電話したものがいた。この流言の火種をつくったとして、大森は今村に対して批判を強めていった。

それから十数年後の大正一二年（一九二三）九月一日の午前一一時五八分、相模湾沖を震源とするマグニチュード推定七・九の大地震が関東を襲った。神奈川県、東京市、千葉県は激震に襲われ多数の家が倒壊。各地で出火した火が翌日朝までに東京市の大部分に燃え広がり、死者・行方不明者一〇万以上の大惨事になった。地震による火災に注意を促した今村の主張どおりのことが起こってしまったのである。こうして今村明恒は地震学者としてその後、予防と予知の相剋と戦っていくことになる。

✝寺田寅彦の警句

大震災のあと今村は、物理学者の寺田寅彦とともに火災旋風の調査に出かけることがあった。今村の『地震の国』（一九四九年）には、「天災は忘れた時分に来る。故寺田寅彦博士が、大正の関東大震災後、何かの雑誌に書いた警句であったと記憶している」とある。この有名な警句は、寺田が書いたもののなかには見当たらないとされる。それでも寺田の随筆を読むと、天災の忘却を戒める言葉はたびたび出てくる。

寺田自身は関東大震災に、上野でおこなわれた二科会の展覧会場で遭遇した。しかし寺田はそのとき、大きな衝撃を感じなかったらしい。

……宅に帰ったら瓦が二三枚落ちて壁土が少しこぼれていたが、庭の葉鶏頭はおよそ天下に何事もなかったように真紅の葉を紺碧の空の光の下にかがやかしていたことであった。しかしその時刻にはもうあの恐ろしい前代未聞の火事の渦巻が下町一帯に広がりつつあった。そうして生きながら焼かれる人々の叫喚の声が念仏や題目の声に和してこの世の地獄を現しつつある間に、山の手ではからすうりの花が薄暮れの垣根に咲きそろっていつもの蛾の群れはいつものようにせわしく蜜をせせっているのであった。

地震があればこわれるような家を建てて住まっていれば地震のときにこわれるのはあたりまえである、しかもその家が、火事を起こし蔓延させるに最適当な燃料でできていて、その中に火種を用意してあるのだから、これは初めから地震による火災の製造機械をすえ付けて待っているようなものである。大火が起これば旋風を誘致して炎の海となるべきはずの広場に集まっていれば焼け死ぬのは当然であった。これは事のあった後に思うことであるが、われわれにはあすの可能性はもちろん必然性さえも問題にならない。

（「からすうりの花と蛾」）

二科会会場であった上野も寅彦の自宅も地盤が固い本郷台地にあり、台地での地震動や被害は少なかったとみられる。いっぽう、地盤が軟らかい低地の下町では、地震動が増幅され大きく揺れたことがわかる。

僕らは今度の火災のことの調査を引き受けて毎日毎日焼け跡をしらべて歩いていまず。夜寝ると眼の前に焼け跡の光景ばかり浮かんで、焼死者や水死者の姿が見えて仕方がない。頭の中まで焼け野原になったような気がする。

（小宮豊隆宛書簡）

寺田寅彦が担当した旋風の調査は、震災予防調査会報告に収められている。寺田は旋風の発生した時間と場所、発見者・遭遇者の談話、当日の気象状況、火災によって生じた積雲の写真と解説、周辺への飛来落下物などを詳細に記録した。震災予防調査会は明治二四年（一八九一）に起こった濃尾地震を契機に、その翌年に組織された文部省の機関で、関東大地震で東京帝国大学に地震研究所が設立されたことにより解消された。

東日本大震災のあと、寺田が書いた災害論は多くの人々に読み返される機会を得た。名文として評価が高い寺田の文章は、科学者としての客観と、民衆の悲痛な状況を憂うる心情のあいだから生まれたものなのである。

3 「海嘯」の記憶と教訓

東海地方の津波民俗

南海トラフを震源域とする東海地震、東南海・南海地震では神奈川から高知にいたる広い範囲が、たびたび津波に襲われてきた。こうした地域の人々は地震と津波の体験を文書に記録するとともに、伝承や習俗の形で、記憶の継承を図ろうとしてきたのである。

明応七年（一四九八）八月二五日辰刻、東海道沖に大地震が発生した。「明応東海地震」と呼ばれるこの地震は、紀伊から房総にかけての沿岸地方と甲斐で震動が大きく、京都でも余震が閏一〇月まで続いた。津波は紀伊から房総までの海岸を襲い、大きな被害をもたらした。静岡県焼津市坂本の林叟院《りんそういん》には、この地震の津波によって二万六〇〇〇人の死者があったという記録がある。これは日本全体の死者数と考えられる。これが事実であれば、二万二〇〇〇人の死者を出した明治三陸津波、一万八〇〇〇人あまりの犠牲者を出

晴明塚（静岡県掛川市）

した東日本大震災を上回る、日本の歴史上最大の地震津波である。

遠江国浜名郡の浜名川付近（現在の静岡県湖西市新居町）にあったとされる「角避比古《つのさくひこ》神社」は、「浜名湖の湖口が塞がれば水害があり、開けば豊年なので、水門を司り湖岸の人々を守護する神」として信仰されてきた。しかし、明応の津波により神社の一部や神体は村櫛、細江、古《こ》人見《ひとみ》の三か所に流れ着いて、それぞれの場所に祀られることになった。

京都で鴨川の治水神だった陰陽師の安倍晴明は、遠州では津波除けの霊験で崇められた。静岡県掛川市大須賀町大渕の海岸近くに「晴明塚」がある。今から約一〇〇〇年前、晴明がこの地に立ち寄ったところ、しばしば村を襲った津波の被害を村人から聞かされた。晴明は小豆《あずき》色の小石を積み上げて津波を防止するため祈禱をした。これ以後村には津波の災難がなくなり、村人たちは晴明の偉業を称えて塚を立て、そこを晴明塚と呼ぶようになった。のちになるとこの塚は、病気平癒の祈願に小豆色の石を倍返しする風習で、多くの参詣者があったという。

静岡県袋井市西同笠《にしどうり》の「亀の松」は、今から六〇〇年程前にこの地に大地震が起こり、大津波で多くの村人が行方不明になったときのものだといわれている。そのとき、ひとりの村の青年が、妻と幼い子どもを津波にさらわれ、村の鎮守の寄木神社に助けて欲しいと祈った。その夜、妻ではない女性が訪ねてきて「子供が浜辺にいるから案内する」というので海岸に行くと、いつのまにか女性の姿が消えていた。海岸に流れ着いた小枝の山を見たところ、子どもの姿があり、小枝の下には一匹の大きな亀が死んでいた。男は、妻が亀に化身して子どもを助けてくれたのだと感謝して、一本の松を植えて亀を葬り、小枝の一部を鎮守社に祀った。この小枝は成長すると亀の姿のように育ち、「亀の松」と呼ばれるようになった。

愛知県豊橋市西七根町の「御厨《みくりや》神社」は、宝永四年（一七〇七）の宝永地震と嘉永七年（一八五四）の安政東海地震の際に移転した。この神社には安政東海地震の惨状を伝える絵馬が残っているが、これは舟が助かったことに感謝して、その舟の部材を絵馬にして奉納したものである。豊橋市小池町にある「潮音寺《ちょうおんじ》」は、長円寺《ちょうえんじ》という名前だったが、大地震で押し寄せてきた津波が寺の下で止まったことから、「海の潮の音が聞こえる寺」として、潮音寺と呼ばれるようになり、寺の周辺を「ここまで潮が満ちてきた」という意味で「潮満」（現在は塩満）と呼ぶようになったという。愛知県田原市には、津波で砂浜が広く欠損したことを描いた「西堀切村絵図」、貝殻に土砂を混ぜて積み上げ、津波除けの堤にした「かいがらぼた」がみられる。このように太平洋に向き合い、津波の常襲地である東海地方の津波民俗はほかの地域と比べても多様であり、また高潮や暴風にも悩まされてきたことから、災害伝承や災害記念碑を残す努力が積み重ねられてきたようにみえる。

†南と北の津波民俗

江戸中期の俳人菊岡沾涼《せんりょう》が著した地誌『諸国里人談』（一七四三年）には、若狭の漁師が人魚を殺してしまい、それがもとで大風や地震が起こり、漁村が崩壊したという話がある。人魚が出現するのは極めて稀なことで、大津波や暴風雨の前兆であるといわれた。また、人魚を殺したり食べたりすると悪いことが起こるともいう。『古今著聞集』にも、漁師が人魚を食べたあとに「祟りなどがたえなかった」とあるように、人魚の祟りは古くから恐れられていた。

柳田国男は南島地方の「シガリナミ（海嘯）」伝承で、わずか一尾の魚を尊敬しなかったことにより、島民が死に絶えたのは不思議なことであるとして、「物言う魚」に『宮古島旧史』（一七四八年）の原文を再録する

むかし伊良部《いらぶ》島の内、下地《しもじ》という村ありけり。ある男漁に出でてヨナタマという魚を釣る。この魚は人面魚体にしてよくものいう魚となり。漁師思うよう、かかる珍しきものなれば、明日いずれも参会して賞翫《しょうがん》せんとて、炭を起こしてあぶりこにのせて乾かしけり。その夜静まりて後、隣家にある童子俄《にわ》かに啼《な》きおらび、伊良部村へいなんという。夜中なればその母いろいろこれをすかせども止まず。泣き叫ぶこといよいよ切なり。母もすべきようもなく、子を抱きて外へ出でたれば、母にひしと抱きつきわななきふるう。母も怪異の思いをなすところに、はるかに声を揚げて（沖の方より？）

ヨナタマヨナタマ、何とて遅く帰るぞ

という。隣家に乾かされしヨナタマ曰く、

われ今あら炭の上に載せられ炙《あぶ》り乾かさるること半夜に及べり、早く犀《さい》をやりて

迎えさせよ

と。ここは母子は身の毛よだって、急ぎ伊良部村にかえる。人々あやしみて、何とて夜深く来ると問う。母しかじかと答えて、翌朝下地村へ立ちかえりしに、村中残らず洗い尽されて失せたり。今に至りてその村の跡形はあれども村立はなくなりにけり。かの母子いかなる隠徳ありけるにや。かかる急難を奇特にのがれしこそめずらしけれ。

柳田は、「ヨナタマ」の「ヨナ」は「イナ」とも「ウナ」ともなり、いまも日本各地にある「海」を意味する古語で、「ウミ」という語の子音転換であろうと推測する。もしそうなら、「ヨナタマ」は「海霊」や「海の神」だろう。釣った魚を「海の神」だと知らずに焼いて食おうとした者がいて、村ごと津波の罰を受けた説話だとすれば、それは「昔話」という以上に、神聖なる「神話」だったかもしれないと柳田はいう。しかし、「宮古郡伊良部島の下地には、現在はすでにまた村ができている。そうしてこの仲宗根《なかそね》氏の『宮古島旧史』の存在を、まったく知らぬ人が多い」。口づてに伝えられてきた口頭伝承、いわゆる口碑が記念碑にならないまま、津波に襲われた村が復興したことを、柳田は暗に示唆しているのである。

アイヌの人々の言い伝えのなかにも、自然災害について語ったものも少なくない。二〇世紀の初め、アイヌの古老らから数多くの口碑伝説の収集がおこなわれた。そのうちのひとつに、犬飼哲夫によって記録された「津浪除けの呪い」がある。

津波の本体は、この地方のアイヌに従えば心を有する悪い波で、海の大波（シニンゴロク）に頼んで津浪が押し寄せないようにする呪いをなすのである。津波が重来するかも知れないという予測は、偶然にだれかの夢枕に立ったり、何か異常な自然界の変化が起こったりして、老婆やエカシがツスをなして予言し、あるいはツスやポニタックを使う予言者が、言いだしてコタンが騒ぎ出す。この呪いは海岸でおこなわれ、一軒一軒の家から各々破損して使用に堪えない古道具とまだ搗《つ》いていない稗（ピヤパ）を唐箕（ムイ）の中に入れて砂浜に運び、砂浜の波打際（ペシュンドマリ）に海岸線に平行に高さ半メートル、長さ二〇メートル余り里の砂の波形を畦の如くに六本作り、その間に稗や道具を置く。この準備ができたら丘の方から男はエムシを持ち、女はヨモギの枯れた茎を手にしてホーイホーイと悪魔払い（ロルンベ）の呪いをしながら着物の裾を腰までまくり上げて陰部まで露出して波形のところに行き、足を高く上げて砂の波を崩し、稗や小道具を蹴飛ばして海の水の中に蹴込み、シニンゴロクに我々は、このようにして津波がコタンを襲いすべての物を海の中に引き去る代わりに、自分たちの方から先に物を遺すから、コタンまで来る用事はないから、出てこないようにと頼む。

（鵡《む》川《かわ》、辺泥氏及び荒井田シュサンクル氏）

ここには津波伝承と儀式が記録されているだけではなく、祭具や民具、生産物や生活様式の一端までが、よく伝えられている。

アイヌの災害伝承は、日本のアイヌ文化研究家である更科源蔵《さらしなげんぞう》や、アイヌの言語学者である知里真志保《ちりましほ》らも採集しているが、右の口碑を採集した犬飼哲夫による記録は非常に詳細なものがある。犬飼は民族学や民俗学の研究者ではなく、北海道帝国大学農学部生物学科動物学分科を修了した動物学者であった。民俗伝承の採集にあたっても、あるいは自然科学としての視点が活かされているのかもしれない。なお犬飼は、南極地域観測隊の樺太犬タロやジロの飼育をしたことでも知られている。

湾に達する。

†難波の教訓

「南海地震」が起きるたびに、和歌山県、徳島県、高知県などの海岸部は大きな津波に襲われてきた。地震津波は紀伊水道から紀淡海峡を北上して、地震発生の約二時間後に大阪湾に達する。

仁和《にんな》三年（八八七）の五畿七道地震では、海の潮が陸にみなぎり、溺死したものは数かぎりなかった。とくに津波の被害が大きかったのは、摂津国だった（『日本三代実録』）。正平一六年（一三六一）に起きた正平南海地震では、「天王寺金堂破れ倒れ、又安居殿御所西浦までしほみちて其間の在家人民多以損失云々」とあり、海水は「安居殿御所西浦」、現在の安居神社（大阪市天王寺区逢阪）あたりまで達したという（『斑鳩嘉元記』）。安政南海地震のとき、大阪の死者数は三四一人だった（『竹内伝七覚書』）。宝永の津波は道頓堀川を遡り、日本橋が落橋した（『西区史』）。『地震海溢考』には「死人（地震圧死）一二八人、水死人四一四人」、また「外に高潮節死人一万弐千余人」とも記される。

ＪＲ環状線の大正駅近く、安治川と木津川の合流点付近に「大正橋」が架かる。そのたもとに、「大地震両川口津浪記」と刻まれた石碑が建っている。安政南海地震の翌年、安政二年七月に幸町五丁目船場によって建てられたものである。この石碑には、安政元年（一八五四）六月一五日の伊賀上野地震、一一月四日の安政東海地震の大阪のようすを述べたあと、南海地震の状況が記述される。

申刻《さるのこく》（一六時）の本震の揺れによって、大阪では家の崩れ、出火も生じた。本震から二時間ほど経過した日暮れごろ、大津波が押し寄せ、安治川、木津川に山のような大波が入ってきた。地震からの避難者が乗った多くの船が、川の上流に押し流され、橋に当たって転覆し、橋は落ち、後から流されてきた船が折り重なった。いまから一四八年前、宝永の大地震の際も、小船に乗って津波で溺死した人も多かったという。歳月を隔てて、伝聞する人も稀になったため、今回もまた夥しい人が亡くなり、痛ましいかぎりである。後年またなにが起こるかわからない。大地震のときにはいつも津波が起こることをかねてから心得、船に絶対乗るべきではない――。

「大地震両川口津浪記」石碑
（大阪府大阪市）

碑文はこのような警鐘を鳴らしながら、「火の用心肝要なり」「川内滞船は水勢おだやかなる所をえらび繋ぎ換え、囲い船は素早く高いところへ移せ」、そして「願わくば心あらん人、年々文字よみ安きよう墨を入れ給ふべし」という言葉で締め括られる。

大阪市の南に隣接する堺市の大浜公園にも安政地震の記念石碑がある。安政元年六月の伊賀地震、一一月四日朝の安政東海地震の揺れと、翌五日の安政南海地震による揺れを記したあと、次のような趣旨の文章が続く。

暮れ頃、津波がにわかに川筋に激しく入り、また激しく潮が引いて、川岸につないだ船の艫綱《ともづな》、錨綱《いかりづな》が切れ、船が漂い始めた。船は橋にぶつかり、八か所の橋が落ちた。しかし、地震津波に壊された家もあったが、堺の住民は神社の庭に集まって避難したため、けが人は一人も出なかった。これは昔、宝永年間に今回と同じような地震津波があったとき、船で避難して、多くの人が津波で死んだことを知っていたので、今回は助かったのである。誠にありがたいことであると、産神神明宮三村宮、天満宮に感謝し、幣を捧げ、後の世の子孫も同じように災害を免れるようにとお祈りをした——。

二つの石碑は災害の記憶を伝承し、過去を教訓とすることの重要性と難しさについて考えさせる例だといえる。いっぽうで三陸の津波被災地で、「地震があったら高台に逃げろ」と、迅速な避難を呼びかける石碑が、効果をあげなかったという例も知られる。口碑と石碑を合わせても、油断や忘却が勝ることも災害史をみていると決して少なくないことがわかる。

4　大津波と高台移転

†高台移転の先駆例

津波による壊滅的被害を受けた地域のなかに、集落全体を安全な高所に移転した例がある。

東海沖、南海沖の海域では、およそ一〇〇年の間隔で東海地震、南海地震と呼ばれるプレート境界型の地震が起き、大きな津波が沿岸集落を襲った。三重県は一〇〇年あまりの間隔で、熊野海岸沖を震源とする海溝型の巨大地震に襲われてきた。明応七年（一四九八）の明応地震、宝永地震、安政東海地震、そして昭和一九年（一九四四）の東南海地震である。安政東海地震で三重県の死者のほとんどは海岸線上の集落で発生していることから津波による溺死者であることがわかる。

明応地震津波では、伊勢大湊付近で五〇〇〇人の死者が出たと記録されている。伊勢市の外宮にあった子良館《こらかん》では、寛文四年(一六六四)から明治四年(一八七一)まで、毎日の天候とともに有感地震が記録され続けてきた。この日記はこの二〇八年間、地震計の役目を果たしている。

鳥羽市国崎《くざき》町は志摩半島先端部海岸の鎧崎《よろいざき》の基部、東海沖の海域に面しているため、津波による浸水が非常に高く、安政東海地震では二一・一メートルに達した。明応地震津波のさいにも津波被害が大きく、国崎の平野部の大津の集落が津波の被害を逃れるため高地に移転した。国崎は伊勢神宮の「神戸《かんべ》」(直轄領集落)で、平安時代末期には、平野部の大津集落と、丘の上の国崎の二つの神戸に分かれた。国崎から分離した大津は明応東海地震の津波(一四九八年)で壊滅した。生存者たちは国崎に合併移転し、大津の町は放棄され、田畑に戻った。国崎は神宮に鮑《あわび》、塩、鯛などを貢納していたように、海産物の採取をおもな生業とする集落だったにもかかわらず、丘の上で生業の不便を忍んで生活してきたのである。

明応地震から二〇九年後の宝永四年(一七〇七)一〇月四日午後四時頃、国崎は宝永地震の津波に襲われた。この津波による被害は、国崎では漁具と漁船、および田畑の被害のみにとどまり、家屋、人身の被害を生じなかった。幕末の安政東海地震（一八五四年）の津波では、潮の高さは「七丈五尺」（二二・七メートル）に及んだが、被害は「家四軒、宮二軒」、溺死者も六名にとどまった。

東日本大震災後の高台移転の問題が、現在も大きな課題になっているなか、国崎の人々が取った、生活生業の不便より生命財産を守るという選択から学ぶところは少なくないだろう。

†神社の立地と移転

東日本大震災による大津波の際、『延喜式』「神名帳」に所載された、いわゆる「式内社」のほとんどが、被災を免れたことは大きな反響を呼んだ。『延喜式』は貞観一一年（八六九）に三陸沿岸を襲った貞観地震津波から約六〇年後の延長五年（九二七）に編纂されたことから、式内社はこの大津波を乗り越え、あるいは津波被害を受けない場所へ移転した神社だったと考えられるというのである。

ある地震工学者は「日本は震災を繰り返し経験してきたことから、復興の際に海岸から離れた、津波にも地滑りにも安全な場所を選んで、神社を建立したと考えられる」という。

またある神道史家は、「古代の人々は定住する際に、地盤が堅固なところを聖地に選んで神を祀ってきた。このため後世の大地震では、埋め立て地など地盤の弱い場所に建てられた民家は壊れたが、強い岩盤の上に建てられた神社は壊れずにすんだ」という。

伊豆半島西海岸、土肥温泉から海岸線に沿って約五キロ南下したところに小下田《こしもだ》という地区があり、国道から海岸に向かって少し下ったところに「下り参拝神社」と呼ばれる「三島神社」がある。この神社は階段を下って参拝する形式になっている。神社から海岸に下っていくと、かつての丁ノ田《ちょんのだ》集落の住居跡がある。「明応東海地震」の津波のとき、水田はもちろんここにあった家屋のすべてが流失した。かろうじて生き残った人々は、この背後の標高二〇〇メートルの高原に移住し、ここに藤沢という集落を開いた。標高三二・七メートルにあった「三島神社」の敷地まで津波は浸水せず、神社は無事だった。この高所移転は現在も維持され、標高の低い丁ノ田の場所は現在も水田のみで、家屋は一軒も存在しない。

茨城県稲敷市の「大杉神社」から発し、航海の神として東北の太平洋沿岸に広がった大杉信仰、アンバ信仰のひとつに、福島県双葉郡浪江町請戸《うけど》地区の「苕野《くさの》神社」の「安波《あんば》祭」がある。毎年二月の第三日曜日におこなわれるこの祭では、「田植踊り」が舞われ、「浜下り潮水神事」と、陸と海で芸能神事がおこなわれてきた。しかし平成二三年の津波で海のそばに鎮座する苕野神社は社殿が流出した。その後も近くに建つ福島第一原子力発電所の事故の影響で、警戒区域に指定された。平成二四年二月一九日には、仮社殿が震災前の社殿鎮座地に造営された。田植踊りは、請戸芸能保存会が地元の小学生を踊り手として集め、育成し、継承してきた。震災以降も、住所が分かれた子供たちが集まり、請戸地区の避難者が住む福島市内の仮設住宅で田植踊りがおこなわれている。

この安波祭もいつかまた、陸と海の行事が、請戸でおこなわれることが望ましい。しかし現在、福島市の避難所でおこなわれている「田植踊り」も郷土の祭りであり、地域の祭りである。神は移動し、祭りは変化していくものなのである。

✝南方熊楠と山口弥一郎

民俗学者による津波災害に対する言葉として、これまで柳田国男の文章を多く援用してきた。しかし津波災害に警鐘を鳴らし、防災減災の声を上げた民俗学者はほかにもいる。そうした人物として南方熊楠《みなかたくまぐす》と山口弥一郎の津波に対する見方を紹介しておきたい。

明治三九年（一九〇六）、集落ごとにある神社を合祀し、「一町村一神社」にまとめようという神社合祀政策が勅令により進められることとなった。和歌山県西牟《む》婁《ろ》郡田辺町（現在の田辺市）に住んでいた南方熊楠は地元の『牟婁新報』をはじめ、大阪、東京の有力新聞にも反対意見を送り、また中央の学者に応援を求めた。熊楠の神社合祀反対運動に関する書簡のなかに、植物学者で東京帝国大学にはじめて植物病理学講座を開いた白井光太郎に宛てた「神社合祀に関する意見」がある。この書簡で熊楠は、神社や寺院の重要な機能として、地震や津波の際に地域民の避難所になること、漁師にとって目印の役割を果たしていることなどを述べている。

わが邦幸いに従来大字ごとに神社あり仏閣ありて人民の労働を慰め、信仰の念を高むると同時に、一挙して和楽慰安の所を与えつつ、また地震、火難等の折に臨んで避難の地を準備したるなり。今聞くがごとくんば、名を整理に借りてこれら無用のごとくして実は経世の大用ある諸境内地を狭めんとするは、国のためにすこぶる憂うべし。

わが邦の大字ごとにある神林は欧米の高塔と等しくその村落の目標となる、と言えり。漁夫など一丁字なき者は海図など見るも分からず、不断山頂の木また神社の森のみを目標として航海す。洪水また難破船の節、神林目的に泳ぎ助かり、洪水海嘯の後に神林を標準として他処の境界を定むる例多し。

神社仏閣は信仰の対象であるばかりではなく、地震や火災の避難地の役割を果たすものであること。また神社が鎮座する森林は航海の目標となり、船の難破や津波の際に泳ぎ切る目印ともなってきた。こうした神社林が神社合祀で信仰から離れ、伐採されやすくなることに熊楠は抵抗を示したのである。

柳田国男の薫陶を受けた民俗学者で、三陸の津波にだれよりもこだわったのは山口弥一郎だろう。山口は福島県会津美里町出身で、中学卒業後に小学校の教員となり、その後、磐城高等女学校教諭を務めながら東北の村々を調査した。はじめに地理学者で東北大学教授である田中舘秀三《たなかだてひでぞう》の津波調査の助手として、集落移動の実態聞き取り調査を担当。また柳田国男と出会って指導を受け、昭和一八年(一九四三)には『津浪と村』を発表した。

山口による調査と研究は、宮城県牡鹿半島から青森県下北半島におよび、明治と昭和の津波による被害だけでなく、その後の集落移動の問題、集落が再建される過程を明らかにした。彼は、戦争中も戦後も調査を続け、二〇〇以上の集落を二〇年以上にわたって追跡調査したのである。

『津浪と村』は、三陸沿岸の漁村を調査した事例集「第一篇　津浪と村の調査記録」に始まり、「第二篇　村々の復興」では、集団移動、分散移動、原地復興という三つの移動様式や生業と移動の関係、村ごとに異なる移動の地域的特性を明らかにする。「重茂《おもえ》には戸数は少ないが、明治二九年、昭和八年と再度全滅した姉吉《あねよし》部落がある。上閉伊郡鵜住居村両石《りょういし》なども、再度全滅した部落であるが、昭和八年の死者は、二、三名であるのに、姉吉は救われた人が二、三名にすぎなかった。この生命の災害の差は何に原因するか」。そしてこの本の大きな特色であり、最も意義深い点は、最後に「第三篇　家の再興」がおかれていることにある。

山口は両石、重茂、姉吉、そして船越村で、家系の再興がどのようにおこなわれたか、またおこなわれなかったかを分析し、問題を提起する。限界集落ともいえる地域で災害が起こり、家を再編することでしか復興が可能でないときにどのような反応がみられたかを、山口は社会学的に考察する。こういった問題は今後も起こりうることでもあり、『津浪と村』は先駆的な研究として読み継がれるべきだろう。

†生神様と広村堤防

英字新聞『神戸クロニクル』の記者をしていたラフカディオ・ハーン、小泉八雲は、稲村の火の話に感激し、明治三陸沖地震津波の惨状と浜口儀兵衛の話などを組み合わせて「A Living God（生神様）」を書いた。当時は日本について書かれた英文が少なかったこともあり、「A Living God」は、師範学校での英語授業に使われた。和歌山県の南部小学校教員の中井常蔵は、教師を養成する和歌山師範学校時代の授業でこれを知り、「A Living God」をもとに、小学生にもわかりやすい話を作り、文部省の教材募集に応募したのが「燃ゆる稲むら（津波美談）」である。そして、採用され、実際に使われた教科書では「稲むらの火」と改題された。昭和一二年（一九三七）一〇月から約一〇年間、全国の尋常小学校では、「国語読本（五学年用）」に載った「稲むらの火」を使って防災教育がおこなわれた。

海辺の村の物持ちである浜口五兵衛は、長い揺れを感じ、地鳴りを聞いて、ただごとではないと思った。豊年を祝う支度に心をとられている村人は、その地震に気づいていなかった。海水が沖へ引いていくのを見た五兵衛は、高台にある収穫したばかりの稲むらに火をつけた。村人たちは早鐘の知らせで火を消すために高台にかけつけ、そのおかげで大津波から身を守ることができた――。

五兵衛のモデルは濱口梧陵《ごりょう》(本名は儀兵衛)で、紀州広村(現在の和歌山県有田郡広川町)出身で広村から関東に進出し、銚子で醬油醸造業ヤマサ醬油の濱口家をついでいる。正月をすごすために広村へ戻り、そこで安政南海地震に遭遇。自分の田の藁山に火を付け、高台にある広八幡神社に村人を誘導した。この地震で広村では流出家屋一二五戸、半壊家屋五六戸の被害を受けながら死者は三〇人だった。

湯浅湾の最奥部に位置する広村は、古くから津波で甚大な被害を受けてきた。室町時代の応永六年(一三九九)、寛文年間(一六六一〜一六七三年)にときの領主、藩主が津波と高潮対策のために石垣を築き、また修復してきた。宝永地震(一七〇七年)による津波で、広村は八五〇戸が失われ、一九二人の死者を出した。和田の石堤は崩壊したため、修復がほどこされたが再び破損。住民は藩に対して石垣修復をたびたび願い出たが、財政的な都合で修復されずにいた。安政地震による津波の被害によって、広村住人の多くが家や職を失った。また津波の再来におびえて、他の村へ移住する者も出るようになった。そこで梧陵は、大堤防の築造を決意したのである。

梧陵の堤防建設計画には、村民に堤防建設という仕事を与えて生活を安定させ、流出を防ぐという目的もあった。また重い年貢がかけられていた田地を堤防にすることで、農民の負担を軽くするという効果も考えられた。堤防のハゼノキは、実から採れる木蠟でロウソクをつくり、それを売った金を堤防の修復費用に充てるという狙いから植えられたもので、実際に収益は一時期、町の財源に充てられたという。

広村堤防（和歌山県有田郡広川町）

堤防工事での費用は九四貫三四四匁（一五七二両）で、現代の金額に換算すると、米価換算では約三億七〇〇〇万円、賃金換算では約一八億六〇〇〇万円になる。この費用はすべて梧陵が調達した。

梧陵死後の大正二年（一九一三）、広村に高波が襲来した。このとき広村堤防が波を防いだため、村への被害は食い止められた。昭和八年（一九三三）に広村堤防の傍へ濱口梧陵の偉業と徳を讃える感恩碑が立てられた。

†「稲むらの火」の教え方

昭和一九年（一九四四）一二月七日、昭和東南海地震によって津波が発生したときも、広村堤防は役割を果たした。さらに昭和二一年（一九四六）一二月二一日、昭和南海地震が起こった。このとき広川町に押し寄せた津波は四メートルから五メートルに達した。堤防はこのときも町を津波から守り、堤防のある地域の被害は一部の家が浸水した程度にとどまった。ただし堤防の効力が及ばない耐久中学、日東紡績工場とその社宅の周辺は被害が大きく、二二人の死者を出した。この津波で死亡した人の多くは地方から来た紡績工だったため、過去の津波に対する知識が足りなかったのではないかといわれている。

関東大震災の前に、地震予言騒動に巻き込まれた今村明恒は、「南海道沖大地震津波・昭和の南海道大地震津波につき広村の人々に寄す」という文章で次のように書いている。「もし余が物した『「稲むらの火」の教方《おしえかた》に就《つい》て』という一編が、災害予防に関心をもつ人達に読まれたら波災は大いに軽減されるであろう」。今村は広村についても、堤防外への居住の危険性を訴え、自分の提言が活かされなかったことを悔いたのである。『「稲むらの火」の教方に就て』（一九四〇年）は、この物語の教材化にも関与した今村が、あえて史実とフィクションの違いを指摘しながら、広村をはじめ津波常襲地の意識を高めようとしたものだった。

凡そ天災は忘れたころに来ると言われている。併し忘れないだけで天災は防げるものでもなく、避けられるものでもない。要は、これを防備することである。余は年々の梧陵祭が形式に堕することのないよう希望してやまないのである。

「天災は忘れたころにやって来る」という寺田寅彦の警句を、今村明恒ほど身に染みて感じ、広める必要性を感じた人物はいなかっただろう。近年の災害をみても、災害の科学を十分に伝える手段は、いまだに得られていないのである。

第三章

噴火・山体崩壊――山の神の鎮め方

1　平成二六年御嶽山噴火

✝火を噴く霊山

平成二六年（二〇一四）九月二七日午前一一時四一分、長野県と岐阜県の県境にそびえる御嶽山《おんたけさん》（標高三〇六七メートル）で火山性微動が始まり、同五二分に突如として噴火が始まった。紅葉シーズンの週末で好天だったこともあり、山頂周辺には二〇〇人以上の登山者がいたとみられる。複数の火口列から、噴煙とともに数十センチの噴石が飛散して登山者を襲い、死者五八名、行方不明者五名という大惨事となった。日本の火山観測史上では、一四四名の犠牲者を出した大正一五年（一九二六）の十勝岳の噴火に次ぎ、戦後では最悪の火山災害となった。

火山噴火予知連絡会は平成一五年（二〇〇三）に、「過去およそ二〇〇〇年以内に噴火した火山及び現在活発な噴気活動のある火山」という活火山の定義を改め、「概ね過去一万年以内に噴火した火山及び現在活発な噴気活動のある火山」とした。活火山は見直し当初一〇八だったが、平成二三年六月にはさらに二つの火山が新たに選定され、日本の活火山の数は現在一一〇となっている。

こうした日本の火山の多くは、古来の噴火と震動によって被害をおよぼし、鎮まることを求めて「神」と畏れられ、崇められてきた。いっぽう御嶽山は、有史以来噴火の記録がなく、その信仰のなかに「火の神」としての性格を含まない珍しい火山だったのである。

御嶽山は、活火山としては富士山に次いで高い成層火山で、富士山より古く、七八万年前に活動を始めた。六〇〇〇年前ごろまでマグマ噴火を繰り返したあとは、水蒸気噴火だけでマグマの関与は認められず、昭和五四年（一九七九）まで噴火の記録はなかった。有史以降の御嶽山は霊山として崇められ、山岳修験者の修行の場となり、江戸時代初期には円空《えんくう》も登拝し、周辺の社寺などに多くの神仏像を残している。

天明五年（一七八五）には覚明《かくめい》行者が黒沢口の登拝道を開き、その後、普寛《ふかん》行者が王滝口を開いて精進登山を普及させた。こうして全国に講中が結成され、信仰圏が広がり、大衆化していった御嶽山には、江戸時代末期から明治初期にかけては、毎年何十万人もの参詣者が「御岳講」で登拝したという。また現在も、教派神道のひとつ「御嶽教」の信仰の

火山灰が降り積もった御嶽神社奥社（提供：毎日新聞社）

対象となっている。

昭和五四年（一九七九）の噴火の際には、歴史時代以降に噴火した記録がないため、「死火山が噴火した」と騒がれた。しかし気象庁は、当時から御嶽山を「活火山」と捉えていた。御嶽山ではその後も、平成三年（一九九一）と平成一九年に、火口の周辺に少量の火山灰を降らせた小規模な噴火があった。大噴火を起こした平成二六年は、九月一〇日に山頂直下で五〇回を超える地震が発生し、一一日には八〇回に達した。だが、翌一二日は地震の回数が一日数回に減少したため、噴火警戒レベルは平常の「1」のままに据えおかれた。その後も地殻変動は観測されなかったため、警戒レベルが上げられることはなかったのである。

御嶽山の山頂近くの剣ヶ峰には、国常立《くにとこたち》尊・大《おお》己貴命《なむち》・少彦名命《すくなひこな》を祀る御嶽神社奥社があり、この噴火後に、社殿が火山灰で埋もれている光景が写し出され、報道された。大衆登山の隆盛により霊峰で引き起こされた火山被害は、近代的でかつ衝撃的な事態だった。

2 噴火への恐れと信心

†位階があがる火の神

九世紀の日本では、噴火や地震を鎮めるため、火山を神に祀り、神階を授けて噴火を抑えようとした。

富士山の浅間《せんげん》神社は従二位から正三位へと進階され、噴火が相次いだ伊豆の一〇社は、三五回も進階した。別府温泉の守り神として信仰を集める大分県別府市の「火男火売神《ほのおほのめ》社」も大いに進階した神で、嘉祥二年（八四九）六月に従五位下を授けられた（『続日本後紀』）。

火男火売神社は宝亀二年（七七一）の創建を伝え、鶴見岳の二つの山頂を火之迦具土命《ほのかぐつち》、火焼速女命《ひやきはやめ》の男女二柱の神として祀り、『延喜式』には豊後国速見郡に「火男火売神社二座」と記載される。貞観九年（八六七）一月二〇日にはこの鶴見岳が大噴火を起こした。

……山頂、三つの池あり。一《いつ》は泥水の色青く、一の池は黒く、一の池は赤し。去る正月廿日、池震動して、その声、雷《いかずち》のごとし。俄にして臭《くさ》きこと硫黄のごとく、国内《くにぬち》に遍く満ちて。磐石飛び乱れ、上下するもの無数なり。石の大いなるは方丈、小さきものは甕のごとし。昼は黒雲蒸《のぼ》り、夜は炎火熾《さかん》なり。沙泥、雪と散り、数里に積む。池中、もとより温泉を出だす。泉水沸騰して、おのずから河流をなし、山脚の道路は、往還通ぜず。温泉の水、衆流に入りて、魚《いお》の酔死するもの千万の数あり。その震動の声、三日に経歴《わた》れり。

（『日本三代実録』）

四月三日、朝廷が豊後国司に命じて、神前で大般若経が読まれた。さらに八月一六日には、火男神に従五位上、火咩（火売）神には正五位下が授けられている。

火男火売神社の祭神で社名の由来になっている二神のうち、火之迦具土神は、『古事記』では火之迦具土神のほか、火之夜芸速男神《ひのやぎはやお》、火之炫毘古神《ひのかがびこ》と表記され、『日本書紀』では軻遇突智《かぐつち》、火産霊《ほむすび》と記される。カグツチの「カグ」は「輝く」の意味で、「かぐや姫」にも通じる。カグツチは神産みのときイザナギとイザナミとのあいだに生まれた神で、火の神であったことから、イザナミは陰部に火傷ができて死んでしまった。これに怒ったイザナギは、十拳剣「天之尾羽張《あめのおはばり》」でカグツチを殺した。

カグツチは各地の神社で火伏せ（防火）の神として祀られ、静岡県浜松市の「秋葉山本宮秋葉神社」をはじめとする全国の秋葉神社や、愛宕神社などにも祀られている。

†最古の噴火記録

阿蘇山は世界有数の大型カルデラと外輪山をもち、中岳を中心に六世紀ころから頻繁な活動が記録されてきた。六三六年に成立したとみられる『隋書』の「倭国伝」には、「阿蘇山あり。其の石、故無くして火起こり天に接するは、俗もって異となし、因って禱祭《とうさい》を行う」とある。国外の文献ではあるものの、日本で起きた最古の噴火記録で、火山を鎮めるために、宗教的儀式がおこなわれていたことをうかがわせる。

阿蘇山の北麓に鎮座する阿蘇神社は、全国に約四五〇社ある「阿蘇神社」の総本社で、祭神に阿蘇の山の神「健磐龍命《たけいわたつ》」を祀る。この神は弘仁一四年（八二三）従四位下に叙せられると、二〇年足らずで正二位にまで神階が上がった。だが進階したにもかかわらず五年後の貞観六年（八六四）には山上の池が沸騰し、大噴火を起こしたという。

健磐龍命はその神名が示すとおり、水を統べ、地を護ると観念された「竜神」である。第二章でも紹介したように、古代中世には、雷電・地震・噴火を三位一体とみなす自然観・世界観があった。火山に棲む竜が雷電を起こして、地震を響かせるという考え方である。

阿蘇地方には健磐龍命にまつわる地名伝承がある。祖父である神武天皇の命を受けた健磐龍は、阿蘇の外輪山から眼下の湖を眺め、水を排して田畑を造ることを考えた。ある場所で外輪山を蹴破ろうとしたものの、山が二重で蹴破れなかった。そこは「二重の峠《ふたえ》」と呼ばれるようになった。健磐龍は別の場所で山を蹴破ることができたが、はずみで尻もちをつき、「立てぬ」と叫んだ。そこを「立野《たての》」と呼ぶようになった。湖水が流れ出し、数匹の鹿が流され、「数鹿流《すがる》ヶ滝」ができた。湖底では巨大な鯰が水を堰き止めていたので、健磐龍命が刀で切ると、湖水は流れていった。阿蘇山ではその後の噴火の際にも、竜が雲に乗り、天に昇っていく姿が目撃されたという。

なお阿蘇山の「あそ」は、浅間山や富士山の浅間神の「あさま」に連なる火山を表わす古語だとみられている。

✝火山神への命名

炎を噴き上げ、石を撒き散らす山の神に対しては、祀る側の見方や態度が反映した神名が付けられた。そういう神として「大穴持《おおなもち》」の神や「大物忌《おおものいみ》」の神が挙げられる。

天平宝字八年（七六四）一二月、大隅国と薩摩国の国境で大噴火が起きた。『続日本紀』によると、「西方に声あり。雷に似て、雷にあらず」といい、噴火音は京都にまで聞こえた。さらには「煙雲晦冥し、奔電去来」し、噴火にともない雷電が奔って、火山島が出現した。


大隅国の海中に神造の島あり、その名は大穴持神という。（略）七日の後、すなわち天晴るれば、鹿児島信爾村の海に、沙石おのずから聚《あつま》りて、化して三つの島となれり。炎気の露見すること、冶鋳《やちゅう》の為《しわざ》の如くなることあり。形勢は相連《あいつら》なりて、望むに、四阿《あずまや》の屋《いえ》に似たり。島のために埋めらるるもの、民家六二区、口八十余人あり。
（『続日本紀』）

二年後の天平神護二年（七六六）六月にも、「大隅国の神の造れる新しき島、震動息《や》まず、ゆえを以ちて、民多く逃亡す。よりて賑恤《しんじゅつ》を加う」とし、火山島の活動が激しく続いて、逃げ出すものが相次いだ。朝廷は宝亀九年（七七八）一二月、この火山の神を官社に列した。この神社は、『延喜式』に「囎唹《そお》郡の大穴持神社」と記されるもので、神が造った島は、鹿児島県霧島市沖にある辺田小島・弁天島・沖小島とも、また桜島の三つの火山、北岳・中岳・南岳とみる説もある。

大穴持は、出雲国で天津神に「国譲り」をした大国主《おおくにぬし》と同じ神で、ほかにも大名持、大穴牟遅、大己貴、大汝、於保奈牟智など何種類もの表記がある。しかし大穴持や大穴牟遅の「穴」の字が示すように、炎を噴き上げる火口の神だと認識し、命名されたのであろう。『続日本後紀』によると、承和五年（八三八）五月、「出羽の国従五位の上勲五等大物忌の神に、正五位の下を授け奉」られた。この大物忌の神は山形県と秋田県に跨る鳥海山の神で、貞観一三年（八七一）には従三位勲五等まで神階が進んだ。

従三位勲五等大物忌の神の社は、飽海《あくみ》の郡にあり。山上には巌石壁立し、人跡まれに到る。夏も冬も雪を戴き、禿《はげ》て草木なし。去る四月八日、山上に火あり。土石を焼く。また、声ありて雷《いかずち》のごとし。山より出ずるところの河は、泥水泛溢して、その色青黒く、臭気充満せり。人、聞《か》ぐに堪えず。死せる魚多く浮かび、擁塞されて流れず。ふたつの大蛇あり。長さは十許丈。相《とも》に流れ出でて海口に入る。小蛇の随えるものはその数を知らず。河に縁《よ》りて苗稼せるは、流損するもの多し。あるは濁水の臭気に染み、朽ちて生ぜず。

（『日本三代実録』）

ここには古代人が戦慄し鎮火を願った、火山噴火のありさまが、当時の感覚で詳しく描かれている。鳥海山麓の住民が物忌みをし、神火を防ぎ続けなければならなかったことから、出羽国の人々はこの山の神を「オオモノイミ」と名づけたのである。

†活火山富士

標高三七七六メートル、年間二〇万人以上の登山者を誇り、平成二五年（二〇一三）にはユネスコ世界遺産「富士山――信仰の対象と芸術の源泉」の中心的構成資産となった富士山は、日本を代表する活火山である。現代の登山者は、山頂まで登り、火口をめぐるのが普通に思っているが、富士山は古代中世の一時期には噴煙を上げ、時には大噴火を起こしていた。九世紀後半に成立したとみられる『竹取物語』の最後は、帝に遣わされた「調《つき》石笠《のいわかさ》」が、大勢の武士とともに天にいちばん近い山に登り、かぐや姫が帝に渡した不老不死の薬を焼いた。だからこの山を「士《さむらい》の富む山」といい、「その煙、いまだ雲の中へ立ち昇るとぞ、言い伝えたる」と記す。

富士山の古代における大規模な噴火は、平安時代初めの「延暦」と「貞観」に起こった。延暦一九年（八〇〇）三月一四日から四月一八日まで、一か月以上にわたった噴火は、有史初めてのことである。昼は噴煙が空を覆ってあたりを暗くし、夜は噴き上げる火が天を明るく照らし出した。噴火音は雷のように大きく、灰は雨のように降り注いだ。溶岩は山下の川に流れ込んで、赤く染めたという。二一年正月八日、朝廷は駿河と相模の両国の報告に基づいて、鎮祭を命じた。朝廷はさらに、相次ぐ噴火を恐れて占わせたところ、疫病が発生する前兆であるというので、両国に鎮謝と読経をおこなわせて、取り除こうとした。二一年五月には火山礫の堆積により、東海道の本道だった足柄峠越えの道が通行困難になり、箱根峠越え（筥荷路《はこねじ》）に変更された。噴火はその後収まったとみられ、翌年には足柄道は復旧している。

古代の富士山の二度目の大噴火は、貞観六年（八六四）四月初旬頃で、大音響と地震をともなって火を噴き上げた。このときの噴火は一〇日あまり経っても勢いが衰えず、砂礫は雨のようで、噴煙が立ち籠めたという。溶岩流は西北に向かって本栖湖に流れ込み、その末端は甲斐国との国境にまで達した。焼かれた岩や草木を巻き込んだ土石流（溶岩流）は、本栖湖と「剗《せ》の海」を埋めた。剗の海は『万葉集』における「石花の海」で、このときの溶岩流により西湖と精進湖に分断されたといわれる。溶岩流は東側の河口湖にも向かった。この溶岩流の上に形成された森林が「青木ヶ原樹海」である。

七月二七日、朝廷は災害が起こるのは、国司が神社の修造をおこなわず、祭礼をおろそかにしているからだとして、諸国に修復と祭礼の励行を命じた。八月五日、別に勅を下して占わせたところ、噴火は駿河国浅間明神の禰宜《ねぎ》・祝《ほうり》等の祭祀怠慢によるものだと出たこ

下谷坂本富士（東京都台東区、提供：フォトライブラリー）

とから、同国に鎮謝するように命じ、甲斐国でも奉斎解謝するように指示した。『日本三代実録』によると、八代郡擬大領の伴直真貞《とものあたいまさだ》に憑いた浅間明神は、「国吏が誤ったことをしたために多くの百姓が病死しているのに、全く気づいていないので噴火を起こした。神社を早く造って祝・禰宜を任じ、（私を）祀るように」と託宣したという。なおこのときに建立されたのは、河口湖の北岸に位置する「河口浅間神社」と考えられる。

富士山への信仰登山は平安時代末期に始まり、室町時代には庶民のあいだでもさかんになり、代表を選んで祈願を託す「講」の仕組みを利用して、近世には江戸を中心に「富士講」が成立した。山頂で「御来迎」や「御来光（日の出）」を拝んだり、内院に鎮座する神仏を拝んで散銭（賽銭）したり、山頂部の宗教施設を巡拝する「お鉢めぐり（八葉めぐり）」をおこなった。道中には宿坊ができ、北口（吉田）には「御師《おし》」が出現した。御師は宿舎の提供だけでなく、教義の指導や祈禱、各種取次業務をおこなうなど、富士信仰の全般にわたる世話をした。富士講は、「江戸は広くて八百八町、講は多くて八百八講。江戸に旗本八万騎、江戸に講中八万人」といわれるほどに興隆し、関東・中部から、東北や近畿・中国地方など全国に広がり、各地に浅間神社が祀られ、富士山を模した富士塚が築かれた。

富士塚には人工の築山のほかに、自然の丘や古墳を転用したものや、富士山の溶岩を積み上げたものがある。文政一一年（一八二八）に、富士講の一派「入谷東（山東）講」が築造した「下谷坂本富士」（小野照崎神社境内）は、富士山の溶岩に覆われた塚の登山道に合目石《ごうめいし》がみられ、一合目の岩屋には役 行者《えんのぎょうじゃ》像、五合目には富士講の祖とされる角行の像を祀る石祠がみられる。ほかには「品川富士」（品川神社境内）や「千駄ヶ谷富士」（鳩森八幡神社境内）が知られる。富士火山の溶岩は各地で、模擬的に登拝されたのだった。

✝神社に囲まれた火山島

日本の代表的な「火山島」である三宅島と桜島は、多くの神社に囲まれている。

伊豆諸島の三宅島では、約三〇〇〇年前に大規模な噴火が起こった形跡があり、雄山《おやま》山頂のカルデラはこの噴火でできたと考えられている。最古の噴火記録としては「壬生《みぶ》家系図」に、応徳二年（一〇八五）に噴火があったと記される。『延喜式』に記載されているだけでも、七〇もの神社があり、現存しながら記載されていないものまで含めると一〇〇以上の神社がある。

当然、噴火にまつわる神社が多く、三島大社（静岡県三島市）の本宮とされる「富賀《とが》神社」、三島大明神の三人の后神が祀られている「御笏《おしやく》神社」「后神社」「二宮神社」などがある。平安時代初期に来島したとされる壬生氏は、初代の壬生御館実秀《みぶみたちさねひで》以来、伊豆国の三島大明神を奉り、島長・神官として約一〇〇〇年にわたり三宅島の祭政を統治してきた。壬生氏は三宅島の神々を三島大明神の后神と子神に再編し、雄山噴火を祀る富賀神社を代表神に仕立てたという。

九州南部、鹿児島湾（錦江湾）に浮かぶ桜島は、日本では比較的歴史が新しい火山で、姶良《あいら》カルデラで約二万九〇〇〇万年前に起こった巨大噴火の三〇〇〇年ほど後に誕生した。面積約七七平方キロメートル、周囲約五五キロメートル、北岳と南岳の二つの主峰から成る複合火山で、かつては文字どおりの「島」だったが、大正三年（一九一四）の噴火で、大隅半島と陸続きになった。桜島を指した最古の文献は、『和名類聚抄』の大隅国囎唹《そお》郡の項の「志摩」だとされる。建武元年（一三三四）頃には「向島」と呼ばれ、「桜島」の名称が記録に現れるのは、文明八年（一四七六）以降のことである。「桜島」の名称の由来については、いくつかの説があり、そのひとつは、この島には木花咲耶姫命《このはなさくやひめ》を祭る神社があったので「咲耶島《さくやじま》」と呼んでいたが、それが転訛して桜島になったというものである。

桜島は噴火の記録が多く残り、有史以降の三〇回以上が記録されている。文明年間（一四七一～七八年）、安永八年（一七七九）、大正三年に起こった噴火は、「桜島の三大噴火」と呼ばれる。このうち安永の噴火は、九月二九日の夕方から地震が頻発し、海水が紫色になり、井戸水が沸騰したという。一〇月一日の午後二時ごろに大噴火が起き、流出した溶岩は海岸まで達した。その後も海底噴火が続き、現在、安永諸島と呼ばれる新しい島々が出現した。この噴火による死者は一四〇人以上といわれている。平成二三年（二〇一一）の爆発的噴火は九九六回を数え、観測史上最多を記録した。

桜島横山町にある「月読《つきよみ》神社」の祭神は月夜見尊で、島名の由来になったともいわれる木花咲耶姫も祀る。安永の噴火の際、山の上に三体の月が現われ、九月二九日の夜明け頃から噴火が起こって、甚大な被害をもたらした。そこでその後は、住民が祭神が嫌うようなことをおこなわないように努め、神楽を奏でて神慮を慰めた。天保一四年（一八四三）に正一位の神階を得て、災難は止まったという。黒神町の「原五社神社」も大正の大噴火で、黒神地区の六八七戸の家屋とともに火山灰に埋没。高さ約三メートルあった石鳥居も、上部だけを残して埋もれてしまったが、噴火の猛威を伝えるためそのままの形で保存されている。

✝古代噴火と埋もれた民家

地域で語り継がれてきた伝承が、記録以前の古い災害の記憶をとどめている場合がある。青森県、岩手県、秋田県に伝わる「三湖伝説」は、十和田湖、田沢湖、八郎潟の誕生を語ったもので、古代に起こった大噴火との関わりが指摘されている。伝説は以下のようなものである。

秋田県北部の鹿角《かづの》郡に八郎太郎という若者が住んでいた。ある日、八郎太郎が仲間の分までひとりでイワナを食べたところ、喉が渇き、三三夜も川の水を飲み続けて、三三尺の竜に変身してしまった。竜になった八郎太郎は、奥入瀬《おいらせ》川を堰き止めて十和田湖をつくり、そこに住み着いた。いっぽう三戸郡には、熊野で「草鞋が切れた場所が終の棲家になる」という神託と鉄の草鞋を授かった南祖坊が住んでいた。南祖坊は十和田湖に来たとき草鞋が切れたので、先に住んでいた八郎太郎に戦いを挑んだ。南祖坊と八郎太郎の戦いは七日七晩にもわたり、十和田湖から溢れた水は鉄砲水となり、奥入瀬渓谷をV字からコの字形にした。戦いは南祖坊が勝ち、十和田神社に祀られることとなった。敗れた八郎太郎は、米代川《よねしろ》を下って逃げ、七座山《ななくらやま》のあたりで川を堰き止め、湖を作ろうとしたが、七神の使いである白鼠に邪魔をされ、さらに下流に向かった。そして日本海沿いに八郎潟をつくり、そこの主となった——。

この伝説は、古代に十和田湖で起こった記録にない大噴火がもとになっているのではないかと想像されているのである。

『扶桑略記』の延喜一五年(九一五)七月の条には、「朝日には輝きがなく、まるで月のようだった。人々はこれを不思議に思った。……灰が降って二寸積もった。桑の葉が各地で枯れたようだ、と出羽国から報告があった」とある。この噴火でもたらされた降下物は各地に堆積し、堰止湖がその後に決壊し、大洪水を引き起こした。八郎太郎の伝説はこの洪水被害を受けた地域に残っていることから、二つの関連性が推測されるのだ。ふたりの戦いで稲妻を投げ合ったというのは、十和田湖火山の噴火のことではないか、七座山の「白鼠」は、火山降下物が堆積して流れ下るシラス洪水ではないか……。こうした関連づけについては、平山次郎と市川賢一が論文「1000年前のシラス洪水」(一九六六年)で検証している。

こうした伝承と災害の現場に民俗的関心から、埋没異物を詳細に追究した人がいた。米代川流域の軽石層の中からは、江戸時代中期以降、古代家屋の発見が報告されている。江戸後期の国学者・紀行家で、日本の民俗学の先駆者といわれる菅江真澄《すがえますみ》は、埋没家屋の形態や出土した家具類などを丹念に記載し、埋没の原因などについても見解を記した。文化一四年（一八一七）の豪雨のあと小ヶ田《おがた》（小勝田）で出現した家屋を真澄はスケッチし、古代の遺物に関しても綿密に記載した。その写実的な付図は、土器の様式を判別できるほど詳しい。小ヶ田の上流の大披《おおびらき》付近で軽石層の中から発見された埋没家屋、埋蔵物についても真澄の記述はたいへん詳しい。

安永四年に出たりし家の内に板に墨画《すみがき》の仏、斧作りの机、木の鍬、折敷《おしき》、このおしきに下という文字を彫《えり》たり、また祝甕《いわいべ》一つ出たり。ここにて、いわいべを、ころび甕《がめ》という。また木履《げた》出たり。この木履、右に踏むは左の方に鼻緒の寄りて有り。左にふむは右の方にはなの穴よせたり。粟稗《あわひえ》などに藤の葉の散り雑《まじ》りて出たり。くさぐさ出たる木どもはみな、槻《つき》けや木、糸杉文杉《いとすぎあやすぎ》にてぞありける。また寛政五年のころよりと四のほど、としどし曳欠川《ひかけがわ》（引欠川）の岸崩《やぶ》れて板沢村の市重郎という家の畑より、家の五つ六つばかり出し事あり。

（菅江真澄『桜賀理《さくらがり》（桜狩）』下巻「小袴桜」）

真澄の記録は、近世の文化人による災害遺物の貴重な観察記録であり、災害文化財に対する先駆的かつ民俗学的なアプローチといえるだろう。

菅江真澄が描いた埋没家屋の図

†熱海と雲仙

日本では大分の「火男火売神社」が別府温泉の守り神とされたように、火山神が湯の神、温泉の神として信仰されることがある。東西の代表的な温泉地である熱海と雲仙について、信仰との関わりからみていきたい。

ＪＲ熱海駅の北にある「伊豆山神社」は古来、「伊豆大権現」「走湯《そうとう》大権現」「伊豆御宮」あるいは「走湯社」

ともいい、略して「伊豆山」や「走湯山」とも呼ばれていた。

仁賢天皇の四年、海上で火山が噴火した。「その焔にさわる、鱐《しやち》鯆《いるか》鼇《うみがめ》鼉《わに》のうろこ屑、いたずらに蘭花ふり、臭気原浦につどう」（「熱海温泉記」）と、魚類に影響が及ぶほど、海が熱したのである。推古天皇のころ走湯権現の神号を賜り、聖徳太子は益田邦輝を宣使として祈禱させた。文武三年（六九九）五月、役行者が伊豆大島に流され、一一月には走湯源泉に渡って草庵をつくり、修験の道場として、走湯の効能を広めた。和銅三年（七一〇）二月、大地震七日に及んだ。天平勝宝元年（七四九）六月、熱海の温泉が海中に湧き、魚貝が爛死するのを哀れんだ箱根山の万巻上人が、泉脈をたずねて、祈禱と開拓により、大湯間欠泉に導いた。そしてそのそばに少彦名命を祀り、湯前神社と称した。平治の乱のあと、伊豆国に配流されていた源頼朝が、源氏再興を伊豆山に祈願し、鎌倉幕府を開くと、箱根とともに「二所」と称して、関八州総鎮護とした。

長崎県島原半島にある雲仙岳は、『肥前国風土記』では「高来峰」と呼ばれて、温泉に関する記述がある。雲仙はもともと「温泉」という表記で「うんぜん」と読んでいたが、国立公園指定の際に現在の表記に改められた。

雲仙では、大宝元年（七〇一）（もしくは文武天皇元年・六九七年）に、行基が「温泉山大乗院満明寺」を開いたと伝えられる。また雲仙市小浜町雲仙にある「温泉神社」は、貞観二年（八六〇）に従五位下から従五位上に進階した「温泉神」に比定され、かつては「四面宮《しめんぐう》」や「筑紫国魂神社」と称していた。弘安四年（一二八一）の元寇の際には、元陣に一身四面の勇士が現われ、「吾は肥前国温泉社なり云々」と称したという。温泉神社（四面宮）は当初、千々石《ちぢわ》、吾妻《あづま》、有家《ありえ》、そして伊佐早《いさはや》（現諫早神社）の四か所だったが、現在、島原半島内には「温泉神社」と呼ばれる神社が十数社ある。

寛政四年（一七九二）四月一日、激震により普賢岳東方の前山《まえやま》（眉山《びざん》）が崩壊、直後に起きた大津波により、推定約一万五〇〇〇人という日本の火山災害史上最大の犠牲者を記録した。前山の崩落が「岩なだれ」を起こし、島原城下を壊滅状態にしたばかりでなく、津波は対岸の肥後国も襲い、肥後の沿岸部だけで五〇〇〇人前後の命が失われたとされる。この火山噴火と二次災害は、前山の山体崩壊（島原大変）と、それに起因する津波が島原や対岸の肥後国を襲った（肥後迷惑）ことから、「島原大変肥後迷惑」と呼ばれた。

火山に神階を与え、噴火が鎮まるようにと願った古代中世の人々の行為は、天災の神格化であるとともに、災害に個性を認め、交渉交流できると考えていた証でもある。災害は人間とは切り離しえない、日本列島社会の重要な「構成員」であると、人々はかつて認識していたのである。

3　復興と開墾の険しい道のり

†富士山宝永噴火と「天地返し」

この節では、火山災害にともなうさまざまな復興のあり方をみていく。火山噴火は直後の被害だけにとどまらず、二次災害もともなうことが多く、長期間に及ぶ場合が少なくない。また不毛の地として敬遠されていた火山土壌地帯を、耕地を拡げるために開墾していった人々の営為についてもふれたい。

宝永四年（一七〇七）一〇月四日に「宝永地震」が起こったわずか四九日後の一一月二三日の午前一〇時ごろ、富士山南東斜面に火口が開き大噴火が始まり、翌日まで激しい噴火が続いた。噴火による溶岩流の流出はほとんどなかったが、火山性地震の揺れと火山弾や火山灰を空高く噴き上げる大爆発が続いた。

噴火活動は同年一二月に終息したが、噴火直後より、焼砂が厚く堆積した地域では、高温の降下火砕物による家屋の焼失、降下火砕物の重さによる家屋の倒壊・埋没、田畑・草地への降下・堆積による作物・飼料・燃料の不作と森林の荒廃、焼砂の二次移動による渓流・河川への土砂流入と河床上昇による土砂・洪水氾濫などの災害が地域を襲った。

富士山東麓の地域は厚い火砕物の堆積層を耕作地から取り除くことができないため、小田原藩では激甚な被災地を「亡所《ぼうしょ》」とし、江戸幕府に返地した。酒匂《さかわ》川中流・山北地区付近は焼砂が二尺（六〇センチ）以上も堆積したため、降雨のたび、斜面に堆積した焼砂が斜面下方に移動し、酒匂川の河床が上昇して土砂氾濫が発生した。とくに宝永五年（一七〇八）六月二二日に大氾濫し、足柄平野は大きな被害を受けた。このような氾濫は一〇〇年以上ものあいだ繰り返し発生し、地域の復興には長い期間を要することになる。

小田原藩から被災地を返地された幕府は、砂除川浚奉行《すなよけかわざらいぶぎょう》を、伊奈一族の伊奈半左衛門忠《ただ》順《のぶ》に命じた。忠順は被災地に長期間滞在し、被災民とともに復旧事業に奮闘したが、志半ばで死去した。慶応三年（一八六七）須走《すばしり》村（現在の静岡県駿東郡小山町須走）には、忠順の遺徳を偲んで「伊奈神社」が建立された。この復旧事業については、新田次郎の『怒る富士』（一九七四年）に詳しく描かれている。気象庁の職員として、富士山気象レーダーの建設を成し遂げた新田は、『富士に死す』『富士山頂』『芙蓉の人』など、この山を題材にした小説を世に送り出した。

相模国山北村（現在の神奈川県足柄上郡山北町）では、宝永噴火により、畑の上に二尺以上の焼砂が堆積し、耕作不能となった。住民は、焼砂で埋まった畑を人力で掘削し、下に埋もれた耕作土と、降り積もった焼砂を入れ替えて畑を復元し、再び耕作可能な土地にした。この作業を「天地返し」という。幅五〇センチ～一メートル、深さ七〇～八〇センチの溝を掘り、そこに火山灰を埋めて、その上に下から掘り出した土をかぶせる。富士山の東の秦野《はだの》でも、火山灰が四五センチもの厚さに積もり、「田畑野山一面砂場」となり、天地返しがおこなわれた。天地返しをすると田畑の保水力が落ちることから、秦野では葉タバコや落花生が特産になったという。

†「天明の浅間焼け」と鎌原村再興

古来、活発な活火山として知られる浅間山の噴火のなかで、最も大規模なものは天明三年（一七八三）に起こった、いわゆる「天明の浅間焼け」である。この大噴火から復興するため、山麓の村では共同体の再編を余儀なくされた。

「浅間山夜分大焼之図」（小諸市美斉津洋夫蔵／提供：浅間園）

噴火活動は四月に始まり、六月末に激しさを増し、七月六日、七日にも大きな噴火があったのち、八日の午前一〇時ごろ最大規模の噴火を起こした。噴煙は偏西風で流され、風下では軽石や火山灰が激しく降り、山腹では火砕流（岩屑なだれ）や溶岩が流下した。現在では観光名勝となっている「鬼押出し」はこのときに形成されたものである。八日に噴出した火砕流は高速で北流し、北麓の鎌原《かんばら》村をのみこんだ。村の人口五七〇人のうち死者四七七人、生存者九三人、村役人では名主・組頭が死亡し、百姓代一人が残っただけであった。九三軒の家屋は残らず倒壊し、馬は二〇〇頭のうち一七〇頭が死亡、荒廃地は村の耕地の九五パーセント以上に及んだ。

鎌原観音堂（群馬県吾妻郡嬬恋村）

生存者の多くは、十一面観音を祀る村の高台の「鎌原観音堂」に避難した者だった。この観音堂の石段は、現在は一五段だが、もっと長く高かったと村では言い伝えられてきた。昭和五四年（一九七九）に観音堂周辺の発掘調査がおこなわれ、石段はかつて五〇段あり、土石流は三五段分もの高さ（約六・五メートル）に達するものだったことが判明した。また、埋没した石段の下部で、若い女性が年配の女性を背負うような体勢の遺体が発見された。顔を復元したところ、二人がよく似た顔立ちであることから、娘と母親、あるいは姉妹ではなかったかと想像されている。

多くの火山災害の被災地では、生き残った住民が避難した先で新しい町を再建したが、鎌原は生き残った住民が同じ場所に戻り、村を再建した非常に珍しい例である。鎌原の近隣、大笹村の名主黒岩長左衛門による復興計画は、生存者の少なさから、鎌原以外の村から移住者を募り、一人平均約二反の再開発をおこない、天明四年（一七八四）から一五年にかけてすべての荒れ地を再開発するというものだった。しかし、鎌原村の気候が寒冷で、地味も悪く、そのうえ火砕流に埋まったため、再開発しても収穫が期待できず、また近隣の村も被害を受けていることから移住者を出す余裕がないといった理由から、復興のめどが立たなかった。そこで鎌原村の復興作業は、家族の再構成、家屋の再建、荒れ地の再開発と再配分など多方面にわたって進められた。

家族の再構成については、幕府の復興対策責任者だった勘定吟味役根岸九郎左衛門鎮衛《しずもり》の随筆集『耳嚢《みみぶくろ》』で次のように記される。

当時の農民は、家筋や素性に拘り、挨拶の仕方などにも相手に応じて差別があった。たとえば現在は金持ちでも、古くからの由緒がある有力者でなければ、座敷にも上げないといったことがあった。浅間山噴火の被災者を収容する建物を建てた当初、三人(黒岩長左衛門・干川小兵衛・加部安左衛門)はこの点に配慮して、「このような大災害に遭っても生き残った九三人は、互いに血のつながった一族だと思わなければいけない」と言って、生存者たちに親族の誓いをさせ、家筋や素性の区分を取り払った。その後は家屋も再建されたので、三人は、九三人の中で、夫を亡くした妻と妻を亡くした夫を再婚させ、また子を亡くした老人に親を亡くした子を養子として養わせるなど、九三人全員を実際に一族としてまとめ直して、その門出を酒・肴を贈って祝った。誠に非常時における有力百姓の対応の仕方は興味深いものである——。

こうした工夫により、鎌原村は人的な面で再建されていったが、田畑の再開発が容易に進まなかったこともあり、復興の道のりは大変険しかったのである。

なお、「天明の浅間焼け」で舞い上がった火山灰は、気温の低下を助長し、天明の飢饉に拍車をかけることになった。

†青ヶ島「還住」

伊豆諸島南部の青ヶ島は、現在の行政区分では東京都青ヶ島村に属し、世界でも珍しい二重式カルデラの複成火山からなる。

この島で起こった火山活動の記録は、慶安五年（一六五二）に噴煙があがったことが『八丈島年代記』に記されているほか、寛文一〇年（一六七〇）から約一〇年間にわたり、大池より火山灰が噴出したといわれる（『南方海島志』）。この島では「徐福《じょふく》伝説」にもとづき、男女が同じ島に住むと神の祟りがあると信じられた時期があり、長いあいだ女人禁制だったという。一五世紀ごろから歴史の上に現れるが、それはほとんどが海難事故にかんするものであった。
安永九年（一七八〇）七月には群発地震が発生し、八月に大池・小池の水位と水温が上昇した。翌天明元年（一七八一）五月三日に地震が群発し、翌日には降灰した。天明三年四月一八日ごろに発生した火山活動では全家屋六三戸が焼失、噴火は五月末まで続いたとされる。このとき、島民三二七人のうち八丈島への避難が間に合わなかった一三〇〜一四〇人が死亡したとされ、文政七年（一八二四）に名主の佐々木次郎太夫らが還住（全島帰還）を果たすまで、約四〇年間、青ヶ島は無人島となった。この災害と帰還の歴史は、柳田国男が「青ヶ島還住記」（一九三三年）で詳しく取りあげた。以下の引用は、柳田の文章を再編し収録した、『日本残酷物語』の第二巻『忘れられた土地』の一節である。

おなじ天明五年三月二十九日のこと、八丈八重垣根津沖に小舟が一つ漂っているのを島民が発見した。舟を曳いてきてみれば、それは青ガ島の名主七太夫ほか九名をのせた注進舟であった。火の島で死と直面した島民たちは、焼けのこった一そうの小舟を、熱砂をおかしながら神子浦の浜に降ろして、怪我のすくない九名を選んで送ったのだが、激浪とたたかい、火傷と餓えに痛めつけられて櫓を握りしめる舟子の手が一人ぬけ、二人落ちして、助けられたときは全員仮死であったという。

柳田が用いた「還住」という言葉は、苦難の末に青ヶ島住民が帰島を果たした事実を表す言葉として定着し、八丈島と青ヶ島を結ぶ定期船の船名「還住丸」として用いられ、親しまれてきた。

†「黒ボク土」との戦い

関東ローム層の「ローム」というのは、砂と粘土が混じり合った細かな土壌を指す用語で、一般的に「赤土」と呼ばれる。その表層は、腐植物が混入して黒色をしていることから、「黒ボク土」という。日本列島では、とくに多量の火山灰が積もった場所にはこうした黒ボク土が生成し、弥生時代に伝来したとされている水田稲作の伝播についても、黒ボク土地帯を避けて移動したという説もある。

関東平野のうち南関東の火山堆積物は古富士山、箱根山など、北関東の堆積物は浅間山、榛名山、赤城山など上信越火山群の噴出物、火山灰をはじめ塵、黄砂などが供給源になっている。武蔵野台地の武蔵野面では五~七メートル、立川面では二メートルほどのローム層が堆積している。このロームは強酸性で有機質が乏しく、水利に恵まれなかったこともあり、近世になってようやく新田開拓が進んだ。しかしローム層には礫が含まれていないため、ダイコン、ニンジン、ゴボウなどの根菜類やサツマイモの栽培には適している。また武蔵野の農家では、春が旬のウドを年末から出荷している。ローム層に三～四メートルの深さの竪穴を掘り、底辺に横穴を拡げて、ウドの地下茎を伏せて土で覆う。この室《むろ》は真冬でも一五度以上の温度を保つため、発芽して冬のうちに収穫できる。こうしてできたウドが「軟白《なんぱく》ウド」である。

明治三八年（一九〇五）に盛岡高等農林学校（岩手大学農学部の前身）の土壌学の教授として赴任した関豊太郎は、世界で最初に黒ボク土の研究を手がけた人物である。宮沢賢治は盛岡高等農林学校在学中、関のもとで土壌学を学んでいることから、『グスコーブドリの伝記』のクーボー大博士は関がモデルだといわれている。

明治二二年（一八八九）に筑後平野を襲った筑後川大洪水によって生活の基盤を失った農民たちはハワイへの移民を決意した。しかし、移民に漏れたものたちは、旧久留米藩士の青木牛之助の指揮のもと、飯田高原の「千町無田《せんちょうむた》」を開拓することとなる。水害の被災者が農産物の成育条件が悪い、黒ボク土地帯をわりあてられたのだ。明治二七年に青木は、先遣隊二七名を率いて千町無田に入植、翌年には移住開拓団が入村した。リン酸肥料がまだない時代の黒ボク土原野の開拓は困難を極め、脱落者が続出した。

千町無田の開拓が始まった当初、水稲がうまく育たないのを農民たちは、伝説の「朝日長者」の祟りではないかと思った。

その昔、九重高原に、浅井長治という長者が住んでいた。別名「朝日長者」とも呼ばれ、後千町・前千町の美田を幾千人もの使用人に耕作させて、贅沢な暮らしをしていた。ある祝いの席で長者が、鏡餅を的に弓矢を射る遊びを思いついて、自ら矢を放った。すると鏡餅の的は白い鳥に変わり、南の彼方へ飛び去ってしまった。それ以来、この土地では米が全く穫れなくなり、長者一族も没落して、人々は天罰だと噂した。そして千町の美田は、不毛の荒野と変わり果ててしまった――。

明治の開拓農民は、村の中に「朝日神社」を祀り、稲作の定着を祈願したのである。明治後続の入村者もあり、明治三七年（一九〇四）には開拓村の戸数は四三戸となる。明治三八年頃から開拓事業は軌道に乗り始めたものの、本格的に水田地帯に変わったのは、リン酸肥料が施されるようになった戦後からのことである。なお朝日神社には現在、朝日長者とともに青木牛之助が合祀されている。

4　「崩れ」の物語

†山体崩壊がもたらすこと

火山などに代表される脆弱な地質の山体の一部が、地震動や噴火、深層風化などにより、大規模な崩壊を起こす現象を「山体崩壊」という。噴火に比べると発生回数は少ないものの、多くの火山で発生し、また同じ火山で繰り返し発生することもある。集中豪雨や地震、また突発的に大規模な山体崩壊が起こることもある。

神奈川県足柄下郡箱根町の芦ノ湖は、紀元前一〇〇〇年ごろに箱根火山の神山で発生した山体崩壊によって生まれた。紀元前四六六年に鳥海山で起こった山体崩壊は、名勝「象潟《きさかた》」をつくった。ほかにも山体崩壊は、福島県の磐梯山、北海道の大沼、長崎県島原市の沖合に点在する九十九島《くじゅうくしま》といった景勝地を生み出すもとにもなってきたのである。

仁和三年（八八七）七月三〇日に起きた南海・東海地震では、沿岸部だけでなく、内陸部でも大きな被害が発生したとされる。『類聚三代格《るいじゆさんだいきやく》』によると、地震の三〇三日後の仁和四年五月八日、八ヶ岳山麓の崩壊で形成された堰止め湖が決壊し、土石流が原因と考えられる大洪水が起こったとみられる。

記録に残るおもな山体崩壊には、以下のようなものがある。

天正一三年（一五八六）の天正地震による帰雲山《かえりくもやま》の崩壊。宝永四年（一七〇七）の宝永地震による「大谷崩れ」と五剣山の崩壊。寛保元年（一七四一）に起こった渡島大島の噴火に伴う崩壊。寛延四年（一七五一）の宝暦高田地震による「名立《なだち》崩れ」。寛政四年（一七九二）、島原半島眉山《まゆやま》の崩壊（島原大変肥後迷惑）。安政五年（一八五八）、飛越地震による「鳶山《とんびやま》崩れ」。明治二一年（一八八八）、水蒸気爆発が引き金となり磐梯火山で発生した大規模な崩壊。このときの岩屑崩れでは、檜原湖・小野川湖・秋元湖・五色沼などが生まれた。明治四四年（一九一一）、長野県小谷村で起こった「稗田山《ひえだやま》崩れ」。これらのうち大谷崩れ、鳶山崩れ、稗田山崩れを「日本三大崩れ」と呼ぶ。

三大崩れのなかで最も新しい稗田山崩れは、明治四四年八月八日、姫川左支川と浦川の上流部で発生した。大規模な山体崩壊により、浦川沿いに流下した土砂が、下流の村々を襲い、浦川の石坂地区の川沿いの下通り三戸一七人、姫川合流点の長瀬地区の一戸五人、富山から材木運搬の仕事をしていた一名の二三名が押し寄せた土石流の犠牲となった。土砂は姫川本川を河道閉塞し、上流側に「長瀬湖」と呼ばれる天然ダムが形成された。湖の端部は三キロ上流の下里瀬《くだりせ》集落まで達し、四三戸が浸水した。三日後には、北城・南小谷の住民が排水路を開いたため、下里瀬集落などは水が引いたが、濁流は下流の来馬河原《くるまがわら》集落に流れ込み、役場や民家や水田を埋めてしまった。糸魚川市の河口にまで被害が及び、姫川沿いの多くの家々は居住不能、田畑は耕作不能となり、周辺の海域では魚が大量死した。崩壊土砂量は一億立方メートルに及び、二〇世紀の日本では最大級の土砂災害となった。

翌明治四五年(一九一二)四月二六日に二回目、同年五月四日には三回目の崩壊が発生。そして七月二一日からの豪雨で二二日に長瀬湖は完全に決壊し、来馬河原全面を濁流が襲い、残っていた人家も流失した。稗田山の崩壊跡地は現在、第二次世界大戦後からの国の直轄砂防事業などにより、復旧が達せられているという。

†鳶山崩れと二次災害

安政五年の飛越地震により発生した、立山連峰「鳶山」の山体崩壊を、「鳶山崩れ」あるいは「大鳶崩れ」という。

二月二六日に越中と飛騨国境（現在の富山・岐阜県境）を震源とするマグニチュード推定七・〇〜七・一の飛越地震が発生。地震により鳶山の山体が崩壊した。鳶山の大鳶山と小鳶山のふたつの頂上は完全に消滅し、立山カルデラに大量の土砂が流れ込んだ。常願寺川、神通川、黒部川などでは河道が閉塞し、常願寺川は余震などで決壊して下流に大きな被害を与えた。崩壊土砂量は全量で四・一億立方メートルと推定され、地震性の山体崩壊として判明しているなかでは、有史以来日本最大規模のものである。

安政五年二月一三日、大地の鳴動があった。二月二六日未明の二時頃、大地が裂けるような激しい揺れがあり、立山の方で大音響が聞こえた。富山城では石垣が崩れ、土塀も倒壊、大木が倒れた。大地は裂け、水が噴き出し、砂を揉み上げた。全壊家屋一五〇軒、半壊四〇〇軒、死者四〇〜五〇人、飛越地震はマグニチュード七・〇で、飛騨地方の被害がとくにひどく、死者は二〇三人に及んだ。それから一週間ほどのち、常願寺川の流量が五分の一しかないことから、山津波が来ると騒ぎになり、藩主や侍、城下の町人は避難した。三月一〇日、激しい地鳴りと黒煙とともに大量の岩が押し出されていった。鳶山を構成する岩と土砂、森やら草木が「山抜け」し、河道を伝って流出したのである。

「立山大鳶山抜けの図」（富山県立図書館蔵）

常願寺川一帯の田畑は泥砂の海となり、多くの家屋が流され、壊され、水路の大半が潰された。そして、その一か月半の後、常願寺川流域は再び大災害に襲われる。四月二六日の正午過ぎ、立山からの大鳴動とともに濁流が押し寄せ、常願寺川流域を飲み込んだ。二回にわたる洪水がもたらした被害は、加賀藩では流失家屋一六一二軒、死者一四〇人、被災者八九四五名で二万五八〇〇石の水田が荒廃。富山藩では、七三八〇石の水田が壊滅。死者の正確な数は不明だが、一〇〇〇人以上ともいわれている。これ以来、立山カルデラの崩壊は繰り返された。

富山県中新川郡立山町西大森にある「大石」は、石の周囲の長さ約三二・四メートルとされるが、大部分は地中に埋没し全体を見ることはできない。四月二六日の洪水で現在の位置に流れ着いたが、この石で水勢が西向きに変わり、西大森より下流右岸の洪水被害を少なくしたことから、村民から「護岸の神」として祀られるようになったという。
昭和五一年（一九七六）から翌年にかけて連載された幸田文の『崩れ』は、日本各地の山体崩壊紀行である。このなかで幸田は、鳶山崩れの現場の一部を、一〇〇年以上経ってから訪れ、克明に描写した。

……ざくざくした感じの崩れ、なにやら粘り気のない砂礫ようのものと見える崩れ、それよりももっと細粒でねばい土と推察される崩れ、がっぽりと一時に抜落ちたような形の崩れ、ざらざらどっと押し出したような形の崩れ、表層の樹木を残して、その下から剝れた崩れ——そしてそれ等の崩れの中には、胸のあたりに突き出して、大きな岩石を危ないバランスで抱えているものもある。どちらを向いてもすべて崩壊ならざるところはない。異様というか、奇怪というか、神秘というか、自然の威厳というか、生れてはじめて見る光景である。

幸田による描写が即物的かつ写実的であるだけに、山体崩壊の持つ圧倒的な迫力がよく伝わってくる。

鳶山崩れが起こった常願寺川ではその後も二次災害に悩まされ、豪雨のたびに土石流が発生した。明治年間に起きた水害は四一回、明治一五年（一八八二）から二四年の一〇年間には八回も破堤した。崩落した土砂は扇状地を形成し、また土砂は大雨のたびに流出した。常願寺川はこうして、川床が最大約七メートルという天井川になってしまった。明治二四年に、かつて常願寺川を、「これは川ではない、滝だ」と言ったと伝えられているオランダ人土木技師ヨハネス・デ・レーケが、河口の付け替えや合口用水の新設、霞堤の建設などを盛り込んだ河川改修計画を立案。常願寺川の改修工事は長年にわたり、昭和九年（一九三四）七月の大洪水で甚大な被害が発生したため、昭和一一年から国による改修事業が着工した。そして昭和二八年にようやく、国営常願寺川農業水利事業により、東西合口用水が実現したのである。

社団法人農業農村整備情報総合センターのウェブ・サイト「水土の礎」には、鳶山崩れとその後の二次災害、復興復旧の苦難について「火山、山崩れ、扇状地、天井川、冬の積雪、集中豪雨、洪水と渇水、霞堤、水制工、砂防、多目的ダム、河川改修、発電、複雑な用水網、水争い、水路の統合……」があったと記す。そして山体崩壊で変貌した常願寺川の改修事業は、「日本の土木技術の総合展示場であり、その意味では、最も日本的なる水土と言える」と記す。

「宝永の富士山大噴火」とその後の土石流被害、「天明の浅間焼け」による火山灰がもたらした飢饉、雲仙の眉山崩壊と肥後への大津波（「島原大変肥後迷惑」）……。火山噴火と山体崩壊がもたらす大規模な二次災害と復興への障害は、今後もまた起こりうることである。

第四章 雪害・風害

——空から襲い来るもの

1　平成二六年豪雪

†マヒする都市、孤立する集落

平成二六年（二〇一四）二月、冬型の気圧配置となった日本列島に、低気圧が急速に発達し続けたため、関東、甲信越、東北の福島県と宮城県をはじめとする広い範囲で大雪になった。八日と一四日をピークに各地で観測史上の記録を塗り替え、積雪量は関東の平野部で三〇〜八〇センチ、甲信越地方や内陸部で一メートル以上、山間部では二メートル前後に達した。

二月七日は西日本を中心に大雪となり、岡山市で二〇年ぶりに九センチを観測。八日は東海地方では午前中に、関東地方では夕方から夜にかけてまとまった降雪があり、千葉では歴代最深（一九六六年観測開始）となる三三センチの積雪を記録した。東京都千代田区大手町でも、観測史上八位となる最深積雪二七センチを記録するなど、東京の都心部でも

記録的な大雪で孤立した山梨県南巨摩郡早川町の雪下ろし（提供：毎日新聞社）

四五年ぶりの積雪二五センチ以上を記録した。翌九日も、関東と東北の太平洋側で記録的な大雪となった。路面凍結による交通事故などで、一一都県で一三人が死亡。負傷者は二九都府県で一四九八人に上った。

一四日の夕方から一五日の朝にかけては、山梨県で記録的な大雪となり、甲府市で一一四センチ、河口湖でも一四三センチと過去最深積雪を記録。空の便の欠航、新幹線や在来線の運休が相次ぎ、高速道路網もマヒした。山梨県と長野県ではＪＲ中央本線の高尾駅以西が一四日以降運休し、同駅から小淵沢駅間で一四本の列車が雪で足止めされ、車内に一八〇〇人が取り残された。

ＪＲ身延線の西富士宮駅以北と小海線、富

士急行線も運休し、主要国道もほぼ全線で通行止めとなり、山梨県のほぼ全域が一時的に孤立状態となった。群馬県では藤岡市の一部や群馬県甘楽《かんら》郡南牧《なんもく》村では交通路が遮断され、二〇〇〇世帯近くが一八日まで四日間以上にわたって孤立した。一六日深夜には、七都県一一市町村で、少なくとも三二〇〇世帯六九〇〇人が孤立状態となった。山梨県南巨摩《みなみこま》郡早川町では唯一の交通ルートが通行止めとなり町民が孤立し、南牧村でも村外に通じる県道が通行不能となり、孤立状態となった。

内閣府非常災害対策本部が三月六日に発表した「二月一四日から一六日の大雪等の被害状況等について（第二六報）」によると、この豪雪による死者は九県で二六名、重傷者は一五都道県で一一八名、軽傷者は二一都道県で五八三名にのぼった。地球温暖化が叫ばれる時代に、各地で記録的な積雪を記録したこと、雪による集落の孤立があることに多くの人にとって驚きであった。

平成二六年豪雪では、新しいメディアによる災害対応とそれに対する反応もみられた。長野県佐久市の柳田清二市長が、被害状況の把握のため Twitter 上で市民から写真と位置情報付きのツイートを募り情報収集をおこなった。山梨県でも県レベルでの災害対策本部を雪が降り止んでから三日が経過した一七日になって設置したため、Twitter で対応への批判が起きるということもあった。

†豪雪列島

日本は世界有数の「雪国」であり、北海道旭川市や青森県青森市、新潟県上越市高田地区では、一年間に合計七〇〇センチを超える降雪がある。人間の常住地域で最も多く積雪をみるのは、日本列島の本州の東頸城《くびき》丘陵、妙高火山群、立山火山群など北陸地方の山間部である。常住集落の最高積雪量の第一位は、新潟県中頸城郡板倉町柄山《からやま》（現在の上越市板倉区）が八一八センチ（一九二七年二月一三日）、第二位は長野県下水内《しもみのち》郡栄村の森宮野原駅が七八五センチ（一九四五年二月三日）。富山県の上新川《かみにいかわ》郡大山町真川《まがわ》（現在の富山市）の七五〇センチ（一九二七年三月一日）、長野県北安曇郡小谷《おたり》村小谷温泉の七四二センチ（一九四五年二月二六日）がこれに続く。

日本の法律では、雪が多いという理由により産業が発展しにくく、住民生活に困難が伴う地域を「豪雪地帯」と定めている。これは日本の国土の半分に及び、約二〇〇〇万人の人々が住む地域である。「豪雪地帯」よりもさらに人々の暮らしが大変な地域は、「特別豪雪地帯」に指定されている。

……シベリアの寒気団が日本海を渡る際にたっぷりと湿り気を吸い込んで、脊梁《せきりょう》山脈にぶつかって雪を降らせるのである。北陸一帯は脊梁山脈が横谷によって切られることがほとんどない部分。したがって、清水トンネルの向こうとこちらのように、天気界がもっとも明瞭に区分される地帯である。また、降雪量は日本海を渡る気団が含み込む水分の量に比例するが、それは日本海の幅の広さに比例するから、日本海が最大幅の七〇〇キロになる新潟県あたりの積雪量がもっとも多くなる。かくして、北陸の山沿いは人が居住する地域では地球上でも最豪雪地帯となる。

（古厩忠夫『裏日本』）

『裏日本』の著者である歴史学者の古厩忠夫《ふるまやただお》は、市町村史の編纂作業のため、豪雪地帯の新潟県中魚沼郡津南町を冬季に訪れた際、それまで東京で感じていた、人間が自然を克服したかのような錯覚は消え去ってしまったという。それは、「一口に気候といっても、固体が生活空間を奪ってしまう豪雪はあらがいを許さないものがある」という感慨に示されている。

首都圏では、冬季にまとまった積雪があるたびに交通網がマヒし、また転倒事故が多発する。最近はインターネット上で、都民たちの積雪に対する備えの甘さや、危機管理の脆弱さを「雪国」の住民が指摘するという光景を目にすることがある。豪雪に対する感覚や意識、防災や減災に関して、雪害ほど地域差を露わに浮き立たせるものはない。

山梨市では平成二六年豪雪の際、残雪で市民生活に大きな影響が出たため、災害時相互応援協定を結ぶ長野県飯山市から、二三人の職員と除雪車一一台が派遣され、二月一八日から除雪作業がおこなわれた。同市には長野県栄村からも三人の職員と除雪機二台が派遣され、同二二日から除雪作業がおこわなれている。日本有数の豪雪地帯から、除雪になれない自治体に救いの手が伸べられたのである。

2 「雪国」の不思議と難儀

†鈴木牧之の『北越雪譜』

豪雪地帯の風土と生活については、そこで暮らしたことのある人でなければ、実感が伴わない。現代にしてもそうだから、情報の少ない近世ではなおさらのことだった。そうした江戸時代の後期、北日本の日本海側の雪の多さを、江戸の人々が知らないことに驚き、雪を主題とした絵入り図誌の出版に精力を傾けた人物がいた。

明和七年（一七七〇）越後国魚沼郡の塩沢《しおざわ》（現在の新潟県南魚沼市塩沢）に生まれた鈴木牧之《ぼくし》は、生家が小千谷縮《おぢやちぢみ》の仲買と質屋を経営する豪商で、幼少から俳諧や書画をたしなんだ。縮を売るため、一九歳で初めて江戸に上ったおりに、雪国の生活誌を書くことを決意、天保八年（一八三七）、六八歳になってようやく刊行にこぎつけたのが『北越雪譜』である。

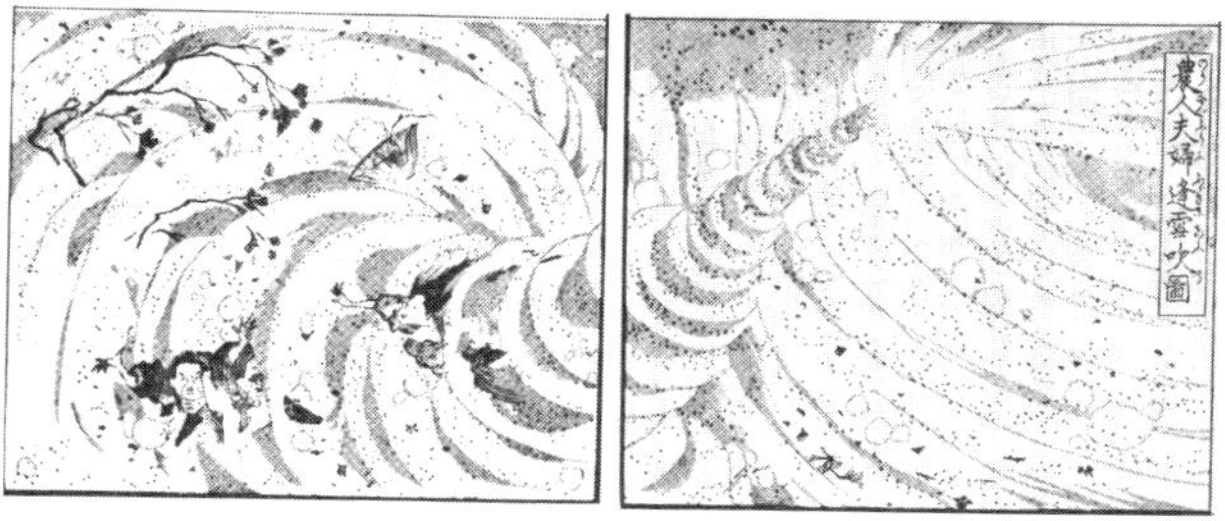

鈴木牧之『北越雪譜』の一部

牧之は最初、人気の浮世絵師で戯作者の山東京伝《さんとうきょうでん》に、「雪中之奇談」という標題の絵入り原稿の出版を依頼したが実現に至らなかった。その後も曲亭馬琴《きょくていばきん》、岡田《おかだ》玉山《ぎょくざん》、鈴木芙蓉《すずきふよう》らに協力を仰いだが、京伝の弟の山東京山《きょうざん》の手により初版三巻が刊行の運びとなった。この初版は好評を博し、天保一三年（一八四二）には第二編四巻を続刊した。

『北越雪譜』では、雪の結晶、雪中の虫、雪崩や吹雪などの雪害、熊や鮭の生態、越後縮をはじめとする産業、雪中の幽霊や「異獣」（雪男）のような怪異、風俗習慣や年中行事に至るまで、雪国の生活全般について、網羅的に叙述されている。菅江真澄や赤松宗旦の仕事とも比肩する牧之の『北越雪譜』は、昭和一一年（一九三六）に気象学者の岡田武松の校訂により岩波文庫版が刊行された。これは柳田国男校訂による『利根川図志』岩波文庫版刊行に二年先んじることである。

†「雪頽」の脅威

雪害のなかでも頻繁に起こり、人間の生命を脅かすものに「雪崩《なだれ》」と「地吹雪《じふぶき》」がある。『北越雪譜』で「雪崩」は「雪頽」と表記され、次のように定義される。

山より雪の崩頽《くずれおつる》を、里言《さとことば》に「なだれ」という。また、なでともいう。按ずるになだれは撫下《なでおり》る也。「る」を「れ」というは、活用《はたらかす》ことばなり。山にもいう也。ここには雪頽《ゆきくずる》の字を借りて用う。字書に頽は暴風ともあれば、よく叶えるにや。

雪頽は「雪吹《ふぶき》（吹雪）」と並ぶ雪国の「難義《なんぎ》（難儀）」だと牧之はいう。ここで難儀というのは、苦悩や苦労、対処することの困難を意味する。牧之は続けて難儀の現実について詳しく記していく。

高山の雪は里よりも深く、凍るのも里より甚だしい。越後の東南部の山々では、里に近いところでも、一丈四、五尺（約三、四メートル）の積雪ではまだ浅いほうである。この雪が凍って岩のようになると、二月頃、陽気が地中から蒸して解けようとするとき、「地気」と「天気」により、割れて響く。その一片が割れるとこなごなになり、響きは大木を折るようであり、これが雪崩の兆しである。幾千丈の高さの山の上から、一度に雪崩れる響きは、百千の雷のようで、大木を折り大石を倒す。このときは必ず暴風《はやて》が力をそえて、粉に砕いた砂礫のように雪を飛ばし、白昼でも暗夜のようである。その慄《おそろ》しいことは筆舌に尽くしがたい……。

日本における近代以降の大規模な雪崩災害には次のようなものがある。

大正七年（一九一八）一月九日、新潟県南魚沼郡三俣村（現在の同郡湯沢町）で表層雪崩の一種で爆風を伴う泡雪崩《ほうなだれ》が発生し、一五八名の死者を出したのが、記録に残る日本で最悪の雪崩被害とされる。昭和一五年（一九四〇）一月二九日、岐阜県大野郡白川村で雪崩が発生し、合掌造り民家三棟が雪に埋まり、一六名が死亡した。同三八年一月二四日、福井県勝山市野向町横倉で表層雪崩が起こって集落の四家族一六人が亡くなり、集落は廃村に追い込まれた。同六一年一月二六日、新潟県西頸城郡能生町（現在の糸魚川市）の権現岳中腹から発生した雪崩で柵口《ませぐち》集落が押し流され、死者一三名、重軽傷者九名、家屋全半壊一三戸の大惨事となった。発生当時の積雪の深さは三七〇センチだったが、二月七日には六〇〇センチに達したという。

雪崩災害は登山中の事故のイメージが強いが、集落を襲い、民家を埋める危険性は、今日でも解消したわけではない。雪国の人々はしかし、危険や難儀を承知で、雪とつき合いながら生活を営んできたのである。

†「雪吹」による遭難

『北越雪譜』には、「雪吹（吹雪）」の恐ろしさも仔細に描かれている。

越後の雪深いところで起こる吹雪は、暴風雪を巻き上げる「辻風」である。雪中第一の難儀であり、毎年死ぬ人がいる。「寸雪」の吹雪のやさしさを見ている人に、「丈雪」の吹雪の驚愕するほどであることを、例を挙げて示す。こう前置きしたあと牧之は、塩沢近くの村のある農夫と一九歳の妻の遭難について語る。

……美佐島《みさしま》という原中に到りし時、天色倏急《てんしよくにわか》に変り、黒雲空に覆いければ、「是雪中の常也」夫空を見て大いに驚怖《おどろき》、こは雪吹ならん。いかがはせんと踉蹰《ためらう》うち、暴風《はやて》雪《ゆき》を吹き散らすこと、巨濤《おおなみ》の岩を越ゆるがごとく、飈《つじかぜ》雪《ゆき》を巻騰《まきあげ》て、白竜峰に登るがごとし。朗々《のどか》なりしも掌をかえすがごとく、天怒り地狂い、寒風は肌《はだえ》を貫くの鎗《やり》。凍《とう》雪《せつ》は身を射るの箭也《やなり》。

夫は蓑笠を吹きとられ、妻は帽子を吹きちぎられ、髪も吹きみだされ、吐嗟《あわや》という間に、眼、口、襟、袖はさら也、裾へも雪を吹きいれ、全身凍呼吸《こごえ》迫り半身は已《すで》に雪に埋められしが、命のかぎりなれば、夫婦声をあげ、ほういほういと哭叫《なきさけべ》ども行来《ゆきき》の人もなく、人家にも遠ければ助くる人なく、手足凍《こごえ》て枯木のごとく暴風に吹き僵《たおさ》れ、夫婦頭《かしら》を並べて雪中に倒れ死けり。

牧之は、吹雪が人を殺すとは、このような類のできごとなのだという。暖かい土地の人が、花が散るのと比べて美賞するような吹雪と、実際の吹雪の違いは、潮干《しおひ》で遊び楽しむのと、「洪濤《つなみ》」に溺れて苦しむのが違うのと同じである。暖かい土地の人は、雪国の難儀を思いはかるべきだと牧之は強調する。

『北越雪譜』の遭難事故は、平成二五年（二〇一三）の三月に北海道で起こったできごとを思い起こさせる。オホーツク海沿岸の湧別《ゆうべつ》町で、近くに住む五三歳の漁師と九歳の娘が、吹雪で遭難した事件だった。父親は倉庫の扉と自分とのあいだに隙間をつくって娘を入れ、覆いかぶさっていた。発見されたとき娘は無事だったが父親は凍死していた、という痛ましい事故として記憶されている。

†大雪は豊年の兆し

秋田や新潟は「米どころ」として知られるように、日本の雪国の多くは穀倉地帯であり、雪が多く降ることは春の田畑に豊かな水をもたらし、秋の豊作の吉兆だといって予め祝う行事がある。

秋田県北秋田市綴子《つづれこ》地区で毎年一月一五日におこなわれる「雪中田植え」は、農家にとって一年の仕事始めの儀式で、水田に見立てた雪の上に、稲わらや豆がらを束ねた「稲」を植え、その稲の倒れ方や実の入り方などで作柄を占う。たわわに実る稲穂のように頭《こうべ》を垂れれば豊作、直立していれば不稔、倒れていれば風水害を意味し、凶作だとされている。

信州の南端、愛知県に境を接する長野県下伊那郡阿南町新野《にいの》で、毎年一月一四日、「新野の雪祭り」がおこなわれる。集落の南西の高台にある伊豆神社境内で、一九種類の面形《おもてがた》（仮面）に、作り物の駒、獅子頭、馬形、牛形などが加わり、朝まで繰り広げられる夜田楽である。この祭はもともと、「二善寺《にぜんじ》の祭り」などと呼ばれていたが、民俗学者の折口《おりくち》信夫《しのぶ》が「雪祭り」という名称を発案した。「祭りの当日に雪が降ると豊作になる」といい、雪を豊年の吉兆とみて、祭神に供えるため、新野に雪がないときは峠まで取りに行くということから、「雪祭り」と呼ぶのではどうかと提案したことによる。

積雪が少ない関東地方など太平洋側でも、「大雪は豊年の兆し」「春の雪は麦俵」といわれる。立春を迎えるあたりから、湿った雪が東京や大阪あたりにも降る。このように降る雪を「上雪《かみゆき》」といい、上方《かみがた》に降る雪という意味である。上雪は降る地域の地温が高いこともあり、長くても数日で融けるため、旱天の慈雨の役割を果たす。「大雪は豊年の兆し」という諺は、麦の成長に雪が好影響を与えることを示したものなのである。いっぽう雪深い日本海側には、「三《さん》朔日《ついたち》雪あればその年は凶作」という気候俚諺《りげん》がある。太陰暦の三月一日（太陽暦ならば三月下旬から四月初めまでに該当する）に積雪があるようでは、麦は根腐れしてしまうからである。

新野の雪祭り（長野県下伊那郡南町）

†「雪形」による農時記

雪山の山麓では、山の残雪の形を見て農耕の時期の目安にしてきた。

山形県の鶴岡市周辺では、雪が米俵のような形になる「俵雪」と呼ばれる現象を、豊作の吉兆とみてきた。富山県では、平野部より雪解けの遅い山の斜面に残った雪が、人や動物などの形をつくる。残雪の描くこの白黒模様を「雪形《ゆきがた》」といい、立山連峰に連なる僧ヶ岳と五箇山の人形山のものがよく知られる。僧ヶ岳（標高一八五五メートル）の山名は残雪でふちどられた山肌が、馬を引く僧の姿に見えるところからきている。僧ヶ岳の雪を水源にしている魚津あたりでは、水不足が予想されると片貝川の毛勝谷《けかちだに》の雪渓をけずって水量を増すようにしていたという。

寛政八年（一七九六）に菅江真澄は、八甲田山の雪形をスケッチし説明を加えている。「この峰に、種まきおっこ（老人）、カニのはさみ、牛の首などと名付けられた春の残雪が見える。苗代に種をまくころになると種まきおっこの姿が見え、カニのはさみが見えるころ田に水を引いてかきならし、牛の首になれば早苗をとって植えるという」（『すみかの山（栖家能山）』）。「種まきおっこ」は前岳、カニのはさみと牛首は赤倉岳の北斜面に、現在も見ることができる。

『東奥日報』一九九九年三月二七日朝刊「とうおう写真館・あおもり110山／前岳」によると雪形を知る人は少なくなった。稲作の育苗が早まったことに伴い田植え時期が早まり、雪形の出現時期と「農事暦」が合わなくなったことが大きな要因だと考えられる。八甲田の雪形を知っているという青森市矢田の女性は、「五月の節句に田でコピル（おやつ）を食べていたら、マンガ（代《しろ》かきの道具）、牛、カニのはさみが山にさらわれていって雪形になった、と聞かされた。だから、節句に田をかけば駄目だ、と言われたものだ」という。この女性の弟は「前岳の左斜面に棒のように残る雪形はサヘボ（代かきの馬を誘導する棒）といわれる。「田植えのころにカニのはさみ、牛首、マンガ、サヘボが出る」と言われ、農作業の目安にしてきた。カニのは

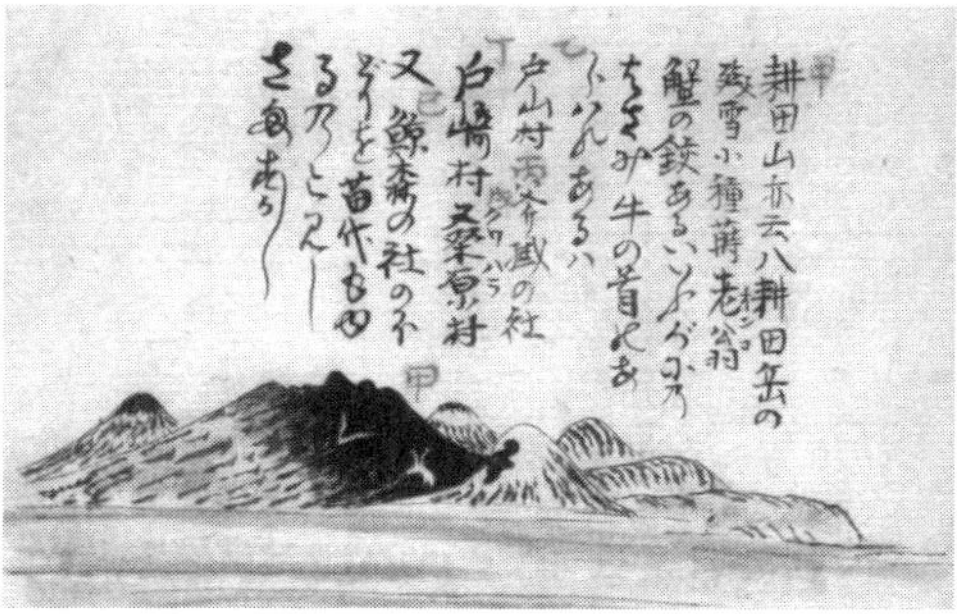
菅江真澄「栖家能山」の一部分。八甲田山の雪形がわかる（秋田県立博物館蔵）

さみの状態を見て、農業用水が多いか少ないか、を気にしたものだ」と話す。しかし、二人とも、「種まきおっこ」の雪形については聞いたことがないらしい。

長い冬が過ぎ、春が訪れることは、雪国の人々にとってなによりも待ち遠しいことだった。また適度な降雪は田畑の恵みのもとであり、農事暦のもとになる山の雪は、大切な地域文化のひとつといえるものでもあった。

†雪国の建築と町並み

雪国には、防雪や雪除け作業が捗るように工夫された建築や都市設備がみられる。飛騨高山の白川郷と五箇山に集中してみられる「合掌造り」の民家は、屋根の傾斜を六〇度もの急勾配にすることにより、湿った重たい雪に耐え、雪下ろしも楽になるような建築様式である。こうした民家の様式は、塩硝（煙硝）の製造と養蚕、紙漉きと深いつながりを持ち、大きな囲炉裏や広い作業場、薪の貯蔵庫、二層三層に区切られた屋根裏などはこうした生業に活用されてきた。

建築の構造からみたとき、山の斜面に生え、雪の重みで根曲がりした樹木を利用した「チョンナバリ（曲梁）」は、構造力学的にも雪の荷重に耐えられるようになっている。また上向きの反りがある棟は、水平にすると雪の重みで棟が沈みやすくなるため、反っている方が雪の荷重などによる傷みが軽減される。屋根が外側に張り出しているのも雨や雪除けの機能を持っている。

白川郷、合掌造りの民家内部（提供：朝日新聞社）

越後高田（新潟県上越市南部）では、大雪で家並みが埋もれてしまうことから、旅人のために「この下に高田あり」と書いた高札が立てられたという。こうした地域に生まれた街路の雪除け屋根が、「雁木《がんぎ》」である。

雁木は積雪期でも通りを往来できるように開発されたもので、商店街の店が軒を延長するような格好で設けられている。東北から山陰までの広い範囲に分布し、東北地方の盛岡、弘前、黒石などでは「こみせ」、米沢、鶴岡、酒田では「こまや」と呼ばれている。明治以降、消滅していった町が多いなかで、高田には現在でも日本一長い雁木通りが残っている。高田の城下町で雁木が作られたのは、江戸初期の松平光長の治世といわれる。寛文五年（一六六五）真冬の大地震では、四メートルを越える積雪の重みが加わり、城下町全体が壊滅的打撃を受けた。そのとき家老の小栗美作が、幕府から借りた資金で城下町の復興をおこなったが、このころに雁木が整備されたといわれている。

「風の盆」で知られる越中八尾（富山県富山市八尾地区）には、自然の地形を利用した「エンナカ」と呼ばれる火防・流雪用水路がある。最初は防火用水として造られたが、冬期は早い水の流れを利用して排雪用に活用されている。上流の野積川より引いた幅約四〇センチの水路は、流雪溝の先駆けといわれる。

†松岡俊三と雪害救済運動

昭和の初め、北日本の日本海側で、雪害の克服による地域の発展を構想した人物がいた。山形県北村山郡楯岡《たておか》村（現在の村山市）出身の代議士松岡俊三は、雪国農村の窮状を目のあたりにして雪国を救済する必要性を感じ、政府に対してそのための施策を訴え続けた。

大正一五年（一九二六）一二月に松岡は、演説会で風邪をこじらせて肺炎となり、山形市の済生館病院に入院した。そこで、病院に次々と運び込まれてくる栄養状態や保健衛生状態が悪い乳幼児を見て、その原因は「雪害」だと強く認識したという。

松岡が訴えたのは、積雪と寒冷による被害や不利益は台風や洪水などと同じ自然災害だから、国として救済すべきであるというもので、自ら雪害に関する実態調査と啓蒙活動に力を注いだ。具体的な雪害対策運動の成果としては、「義務教育費国庫負担法」への「雪害」という字句の追加、内務省への「雪害対策調査会」の設置、農林省付属の「積雪地方農村経済調査所」の開設などを実現した。

実験農家（提供：雪の里情報館）

昭和八（一九三三）年九月一五日、積雪地帯の農村経済を更生させるための調査・研究・指導を目的とした機関として「積雪地方農村経済調査所」（以下「雪調」）が山形県最上郡新庄町（現在の新庄市）に開設された。雪調には、農業経済学の東畑精一《とうばたせいいち》や低温物理学の中谷《なかや》宇《う》吉郎《きちろう》、建築学の今和《こんわ》次郎《じろう》などの研究者が集まり、実践的な研究が進められた。昭和一二年に建設された雪調の庁舎は今和次郎の設計で、雪下ろしをする必要がない急勾配の屋根は、当時としては画期的なものであった。雪調では、雪の処理に要する時間と労力を、賃金労働に充てることを目論んだ「実験農家」を建て、その家屋の設計も今和次郎が手掛けた。雪調庁舎は現在、「雪の里情報館」として保存活用されている。

†田中角栄と雪国

一九七〇年代前半に内閣総理大臣を務めた田中角栄の選挙区である新潟三区は、豪雪の山間部を抱えていることで知られる。前出の古厩忠夫『裏日本』によると、昭和二四年(一九四九)一月の『朝日新聞』は次のような田中の選挙ルポを掲載している。

この年は新年早々から吹雪で電話は不通、列車ダイヤもめちゃくちゃだった。次の立ち会い演説会場まで六キロ。候補者は吹雪の道を歩くしかない。四人の候補のうち三人は断念したが、一人だけ線路伝いに信濃川鉄橋を渡って出かけた。鉄橋の真ん中で前から汽車が来た。あわや!　橋げたにしがみついて急場をしのぎ、危うく一命をとりとめ、演説会に出た。それが田中であった。

昭和三一年（一九五六）、田中が中心となって「積雪寒冷特別地域における道路交通の確保に関する特別措置法」が議員立法により成立。翌三二年の総選挙の選挙公報に田中は、「恵まれない裏日本の豪雪と単作と寒冷に悩む越後の農山漁村と中小都市の経済確立のための施策を、ひとつひとつ着実にやりたいと考えます」という訴えを記した。豪雪地帯である北魚沼郡藪神《やぶかみ》村の後山《うしろやま》では、本村に米を運んでいた村民が雪崩により峠で死亡したり、本校から帰る途中の小学生が抱き合って凍死する痛ましい事件が起きていた。田中はこの峠にトンネルを開通させた。古志《こし》郡山古志《やまこし》村の中山峠の中山隧道《すいどう》は、昭和八年から「仕事が出来ない冬に一年二〇間ずつ掘れば、二五年で開通する」と村人が一七年間掘り続け、昭和二四年の春に開通した。この隧道は田中の一声で国道に昇格した。小千谷市塩谷には村の人々が四年の歳月をかけて掘った小さな隧道と、田中が一〇億円の事業費を投じた立派な隧道がある。古厩は「二つの隧道の対照は近代化の威力を象徴し、『列島改造論』のいう「表」と「裏」の格差解消を示唆しているかのようである」という。これらの地区でもやがて、無雪道路化が進み、道路の整備は人口の流出に拍車をかけることになる。

田中が提唱した『日本列島改造論』は、過密と過疎を一挙に解決するというもので、高度成長の恩恵が薄かった地方の住民には魅力的なものだった。しかし、「魔法の杖にみえる列島改造論は矛盾だらけの産物」にすぎなかったと古厩はみている。

3 落雷――「クワバラ」の由来

†雷神の信仰と伝承

瞬く間に地上に届き、人を撃ち、家を焼く「雷」は、神や獣がなす業だと考えられてきた。

『古事記』では雷神の誕生をこのように語る。火之迦具土神《ひのかぐつち》を生み、女陰を焼いて死んだ妻のイザナミを追い、イザナギが黄泉の国に下った。そのとき、イザナミの体には蛆がたかり、頭に大雷神、胸に火雷神、腹に黒雷神、女陰に咲（裂）雷神、左手に若雷神、右手に土雷神、左足に鳴雷神、右足に伏雷神の八柱の雷神（火雷大神）を生じた。イザナミの変わりはてた姿におののいたイザナギは、黄泉の国から逃げだすが、イザナミは醜女に追わせた。イザナギは醜女を振り払ったものの、イザナミはさらに、八柱の雷神に黄泉の軍勢を率いて追わせた——。

大和国飛鳥の「雷丘《いかずちのおか》」には次のような伝承がある。雄略天皇が皇后と寝ているところへ、家臣の小子部《ちいさこべのす》栖軽《がる》が入ってしまった。天皇はそこで雷神を捕らえてくるようにと栖軽に命じたところ、栖軽は丘に落ちていた雷神を連れ帰ってきた。天皇に献上されたが雷神があまりにも恐ろしかったため、返してくることになった。この雷神が落ちていたところを、「雷岡（雷丘）」と呼ぶようになった。

社名に「雷」を冠した神社は全国に何社もあるものの、必ずしも雷神を祀っているとはかぎらず、雷とともに降る雨を願う、「雨乞い」の社であることも多い。賀茂《かも》別雷《わけいかずち》命は賀茂別雷神社（上賀茂神社）の祭神であり、各地の加茂神社（賀茂神社・鴨神社）に祀られる。神名の「わけ」は「分ける」の意であり、「雷を別けるほどの力を持つ神」という意味で、雷神ではなく、記紀神話にも登場しない。

茨城県には社名に「雷」と付く神社が二六社もある。こうした神社の鎮座地は落雷の多発地域で、降雨による氾濫も多いことから、河川や湖沼に沿った自然堤防上の微高地などに建てられている。「金村別雷神社《かなむらわけいかずち》」は小貝川のほとり、つくば市上郷に鎮座する。中世に周辺地域を領していた豊田将基が、賀茂別雷神社から分霊を勧請して創建したといい、水戸市元山町の「別雷皇太神《べつらいこうたいじん》」、群馬県邑楽郡板倉町の「雷電神社」とともに関東三雷神の一社とされる。式内社に列する群馬県佐波郡玉村町の「火雷神社」は、長元三年（一〇三〇）の『上野国交替実録帳』には「正二位火雷明神社」、また『上野国神名帳』には「従一位火雷大明神」と記載される。近世になると天神信仰が習合し「火雷天神社」と呼ばれるようになった。

菅原道真を「雷の神」として畏怖し、祈願するのが天神信仰である。天神は本来、土着の神である「国津神《くにつ》」に対して高天原《たかまがはら》から天降《あまくだ》った「天津神《あまつ》」のことで、特定の神を指すものではなかった。しかし、延長八年（九三〇）の清涼殿への落雷が、大宰府に左遷され、そこで死んだ道真の怨霊によるものとみなされ、朝廷はそれまで「火雷神」という地主神が祀られていた北野に天満宮を建立して、道真の祟りを鎮めようとした。また大宰府にも道真の墓所に安楽寺天満宮、のちの太宰府天満宮が建立された。永延元年（九八七）には「北野天満宮大神」の神号が下され、さらに「火雷天神」と呼ばれるようになり、後に火雷神は眷属とされ、新たに「天満《てんま》大自《だいじ》在天神《ざいてんじん》」などの神号が確立した。こうして火雷神《からいしん》菅原道真に対する信仰が天神信仰として広まっていったのである。

†雷獣の生態

雷の要因とみなされてきた「雷獣」は、目撃談や体験談が決して少なくはない生物だった。

松浦《まつら》静山《せいざん》の随筆集『甲子夜話《かっしやわ》』には雷獣や雷の話をいくつも収める。大きな火の塊とともに落ちた雷獣を捕らえようとしたものが、頬をかきむしられ毒気に当てられて寝込んだ。出羽国では、雷とともに降りた雷獣をあるものが捕まえ、煮て食べたという。奇談集『絵本百物語』（一八四一年）によると、下野国筑波のあたりの山には雷獣が住み、ふだんはおとなしいものの、夕立雲の起こるときに猛々しい勢いで空中へ駆けるといい、雷獣が作物を荒らすと、里の民は「かみなり狩り」をおこなう。また関東地方の一部では、稲田に落雷があるとそこに青竹を立て、境界・結界を表わす注連縄《しめなわ》を張った。雷獣はその竹を伝って、再び天に昇るからだという。

雷獣（竹原春泉画『絵本百物語』）

雪の科学者として知られる中谷宇吉郎に「雷獣」という随筆がある。中谷は、迷信打破を目的とするような通俗科学書では、雷獣の話などは一笑に付されることが多く、落雷で樹木の表面につけられた傷を、「何か獣が馳《か》け上った爪痕とでも解釈したのであろうという程度のいわゆる科学的解釈がなされているくらいである」という。こうして雷にまつわる怪異を否定しつつ、こんなエピソードを紹介している。

……今度の雷観測隊員の一人、東大のH教授が、前橋の故老の一人から聞かれた話である。H教授を雷の博士と見たその老人は、「一体雷様《らいさま》というものは、火の玉が雲から落ちて来て地面に届くと、火柱が立つような気がしますが、そんなことがあるものでしょうかね」と言って、H教授をひどく面くらわせたのであった。

中谷によると、火の玉が雲から落ちて地面に達するまでの先駆《せんく》放電の継続時間はふつう、一〇〇分の一秒あるいはそれより少し短いくらいの程度だという。こういった極めて短時間内の現象だが、「下手な科学的訓練などをうけない純真な人間の眼は、案外その程度の迅速な変化でも認識し得るのかもしれない」という。そして「昔の人の生理的にも精神的にも健康であった眼には、あり得ない話ではないような気もする」と、民衆の素朴な感覚を疑うことはなかった。

怖ろしいことや不吉なことが起こらないようにと口にする「くわばら　くわばら」は、雷除けの言葉でもある。柳田国男の「赤子塚の話」のなかに「桑原の欣浄寺」という一節がある。雷が鳴るとき、「クワバラクワバラ」と唱えることは、ほぼ日本全体の風習で、どこでも似通った説明をしている。たとえば、かつて雷神が落ちたとき、鍬または桑の木で怪我をして懲りたからというもので、日向の南部では、桑の木に鎌を掛けてあるところに落ちて切られたという。

また「桑原」という村の人と特別の関係があるからという説もある。下総桑原村の伝右衛門は、筑波山に登ったときから「雷様《らいさま》」と懇意になり、それからは雷《らい》が、彼の家へたびたびお茶を飲みに来るようになった。あるときには、夕立で茶の支度が間に合わなかったため、雷が怒って、台所へ七輪の湯を撒いたこともあったという。

……桑原という村は至って多いから、どれが本家の桑原か分からぬ。泉州桑原村の西福寺には、桑原井というのがあって雷《らい》かつてこれに落込み、村民井戸に蓋をして出すまいとしたのを、重ねて落ちぬという約束をして許された。その歴史を想い出させるために、クワバラと唱えるのだとの説もある。しかもこれと九分通り同じ話が、摂州有馬郡の桑原にもまた一つあって、雷《らい》の落ちたという井戸のほかに、雷の手形を捺した一枚紙を保存し、二度と来ませぬ証文だと称している。墨の痕だけ見れば、猫の手のようでもあるという。この桑原の方は寺の名が欣勝寺、和泉の西福寺において俊乗坊重源の法力を説くに対して、欣勝寺では右申す通幻和尚をもって、雷神退治の名僧なりとしている。ただし有馬郡には桑原という村はない。小野村大字母子《もし》の内であるという。

ある人の葬送の行列に落ち掛かったのを、通幻和尚が袈裟を脱いで投げ付けたところ、雷《らい》は退却した。そのときの端の焦げた古い袈裟がこの寺の宝物《ほうもつ》になっている。また「くわばら」は「桑原」であり、蚕の餌である桑の葉に雷が落ち、養蚕がうまくいかなくなることを忌む言葉だという説もある。

4　風害――神風からヤマセまで

†風の神の信仰

日本には数えきれないほど多くの「風」の名前がある。沿岸部に暮らし漁業を生業とする人々にとって、海を往くために風向きが大きな関心事だったからである。それは川の民にとっても同様であり、田の民も天候の変化や季節の移り変わりを、「風」によって捉えてきたからである。柳田国男は「風位考」で「日本各地の風の名を比較して行くということは、単に国語の歴史を明らかにするためだけでなく、同時にその言葉を携えてあるいた人たちの、以前の生活を知る上にも、かなり大きな暗示であると思う」と述べる。

また風は、稲作に欠かせない雨を運んでくれる。またいっぽうで、暴風として恐れられ、各地で「風の神」を祀り、「風祭り」がおこなわれてきた。

奈良県生駒郡三郷《さんごう》町の「龍田《たつた》大社」は「龍田の風神」と総称され、広瀬の水神と並び称された。『延喜式』の「龍田風神祭祝詞」によれば、崇神天皇の時代、数年にわたって凶作が続き疫病が流行したため、天皇が天神地祇を祀って祈願したところ、天御柱命《あめのみはしら》・国御柱命《くにのみはしら》の二柱の神を竜田山に祀れというお告げがあり、創建されたという。祭神は天御柱命と国御柱命とされるが、社伝や祝詞では天御柱命は志那都比古神《しなつひこ》、国御柱命は志那都比売神《しなつひめ》のこととしている。

シナツヒコは日本神話に登場する神で、風、息吹の神である。神名の「シナ」は「息が長い」という意味である。『古事記』ではイザナギとイザナミのあいだに生まれた神で、風の神であるとしている。『日本書紀』では、イザナミが朝霧を吹き払った息から級長戸辺命《しなとべ》または の名を級長津彦命《しなつひこ》という神が生まれたと記す。神社の祭神としては志那戸弁命、志那都彦神などとも書かれる。『日本書紀』のシナトベは女神とされることもあり、神社によってはシナツヒコの姉または妻とされる。

伊勢神宮には内宮（皇大神宮）の別宮に「風日祈宮《かざひのみのみや》」、外宮の別宮（豊受大神宮）に「風宮《かぜのみや》」があり、いずれも級長津彦命と級長戸辺命を祀る。風日祈宮の記録上の初出は「風神社《ふうじんのやしろ》」で、祭神が農耕に都合のよい風雨をもたらす神であることから風日祈祭がおこなわれ、神嘗祭では懸税《かけちから》（稲穂）が供えられるなど重んじられた。『吾妻鏡』に文治三年

（一一八七）に源頼朝が神宮に八頭の神馬を奉納したと記されている。そのときの宮社が「風神社」とされているが、外宮権禰宜《げくうごんねぎ》の度会光生が取り次いでいるので外宮の風社（現在の風宮）の可能性がある。弘安四年（一二八一）の元寇では、朝廷より二条為氏《にじょうためうじ》大納言が勅使として神宮に派遣され、風神社と風社で祈禱をおこなった。日本に押し寄せた元軍は退却し国難は去り、これを神風による勝利として正応六年（一二九三）に風神社と風社は別宮に昇格され、風日祈宮と風宮となった。これがいわゆる「神風の伊勢」の由来である。

†「風の三郎」と「風祭」

福島から新潟、長野、山梨には「風の三郎」にまつわる言い伝えがあり、二百十日などにおこる風水害から農作物を守り、五穀豊穣を願う信仰となった。

山梨県北杜市の清里樫山地区に「風三郎社」がある。清里地区では「三社参り」と言って、八ヶ岳権現社に雨乞いを、日吉神社に晴天を、風三郎社に暴風雨除けを祈ったという。長野県南佐久郡南牧村の平沢でも「風の三郎」と呼ばれる風の通り路の谷間があり、「風の三郎」を祀った石祠がある。長野県中川村大草にも「風三郎神社」があり級長津彦、級長戸辺を祀る。北東の山腹は奥社とされる洞窟があり、明治の初め、このなかに入り聖所を粗末にしたことから大暴風が起こったことがあるという。

宮沢賢治の童話『風の又三郎』の初期稿とされる「風野又三郎」には、サイクルホールという遊びをめぐって又三郎が、「甲州ではじめた時なんかね。はじめ僕が八ヶ岳の麓の野原で休んでたろう」「下に富士川の白い帯を見てかけて行った」という場面がある。これは山梨県韮崎出身で、盛岡高等農林学校の寮で賢治と同室だった保坂嘉内《ほさかかない》が、賢治に甲州の風三郎伝承を伝えたことが反映しているのではないかといわれている。

風三郎社（山梨県北杜市）

日本の各地で、作物を風害から守るために祈願する「風祭《かざまつり》」がおこなわれてきた。太陰暦の八月一日を「八朔《はっさく》」と呼び、現在では月遅れ（相暦《あいれき》・中暦）の九月一日をいう。この時期に台風に襲われると不作になるので、風害が少ないようにと風祭が営まれた。群馬県利根郡片品村では、二百十日の前に風の神を祀り、太陰暦の六月におこなわれることが多い。新暦では七月にあたり、台風襲来の時期に祭を開いた。

強い風を防ぐ民間信仰に、風切り鎌がある。法隆寺の飛鳥時代に造営された五重塔の相《そう》輪《りん》には鎌が挿してある。創建当初はなかったものが、風を鎌が切りその力を弱めるという中世の信仰にもとづき、掛けられるようになったとみられる。群馬県吾妻郡嬬恋《つまごい》村田代のあたりでは、茅葺き屋根の棟に風切り鎌を付ける。富山県では長い竹竿に草刈り鎌の刃先を取り付け、大風が吹く方向に向けて手を叩きながら、「ホー、ホー」と声をあげると、風の力が衰えるという。

†不吹堂と風の盆

風の神を祀って風の力を鎮め、風が吹かないことを祈る「風神祭」の信仰が、富山県の旧東礪波《ひがしとなみ》郡、旧婦負《ねい》郡、旧上新川郡などに分布している。風の神を祀る「不吹堂《ふかんどう》」、あるいは「風神堂」や「風宮《かぜみや》」と呼ばれる神社や寺院、小祠は、南風の強い南砺《なんと》市井波地区を中心に県下に十数か所あり、風が吹き出す山麓や谷口に建てられている。

養老元年（七一七）、砺波平野南部の八乙女《やおとめ》山の尾根上にある風穴に、加賀白山を開いた泰澄《たいちょう》が注連縄を張って風を鎮め、前立ちの堂を志観寺（止観寺）の青坂に建てたといわれる。南砺市井波地区の真宗寺院「瑞泉寺」を開いた綽如《しゃくにょ》は明徳元年（一三九〇）に風神堂を建て、「ふかぬ堂」と呼ばれるようになった。久婦須《くぶす》川の両岸にも、「不吹堂」「風堂」「風宮」などと呼ばれる風の堂がある。南砺市是安《これやす》の不吹堂「級長戸辺《しなとべ》神社」は、なかでも最も大きなものである。この付近では、秋に暴風が続いたため凶作となり、寛文二年（一六六二）、あるいは同四年に、前田綱紀から御用林を拝領して創祀し、延宝三年（一六七五）に社殿が造営された。

砺波の東、婦負・上新川にもいくつかの不吹堂が分布する。大沢野町の笹津から段丘を上がった猿倉山の麓、大沢野町直坂にも「級長戸辺神社」がある。明治二〇年（一八八七）から三年にわたって大風害があり、明治二三年九月に是安より天御柱神を分霊した。明治三四年には、この直坂から八尾町の黒瀬谷大字外面谷村、堀田村、上谷村に分霊された。

毎年九月一日から三日にかけて越中八尾の坂が多い町の道筋で、越中おわら節にのった踊り手たちが踊りを披露する「風の盆」がある。この行事がおこなわれる新暦九月一日は旧暦の八月朔日《ついたち》で、風の厄日とされてきた。富山県では六月には夏越の祓があり、七月にかけては除蝗祭《じょこうさい》がおこなわれる。さらに、八月八日の立秋から一月足らずで、初秋にあたるこのころは、フェーン現象が起こりやすい時季でもあった。こうしたことから「風の盆」は、八朔における風鎮めの祭のひとつと考えられる。

防風の工夫

防風害のための伝統的な設備にも、その地域独特の工夫がみられる。

静岡県の西部では、冬になると「遠州の空っ風」と呼ばれる乾燥した強い北西季節風が吹く。天竜川が運ぶ砂の堆積でできた「ハマ」に住む人々は、風上の砂地にカヤやその他の小枝を押し並べ、人工の砂丘（砂防堤）を造り、海岸を徐々に遠ざけ、耕地を増やしてきた。この地域の集落では敷地を槙で囲い、北西に高い木を森のように配した屋敷林（風から家屋を保護するための樹列）や作物を風や砂から守る防風林、畑に藁を垣根状に差し込んで飛砂を防ぐ「サシキリ」「ヤナサシ」などの防風設備が見られる。

遠州灘に面したこうした海岸には、塩害に強く砂浜でも育つクロマツが、防砂・防風林として海岸に多く植えられた。またなかには、竹笹によって風を分散させて、表土の飛散を防いでいるところもある。磐田市の福田地区には、冬季にも落葉せず、潮風に強く、枝葉が密集して茂るイヌマキの生け垣に囲まれた家が多く見られる。強い西風を防ぎ、火災時の防壁の役目も果たすとともに、この地域の独特の景観をつくりだしている。

†台風と高潮と命山

日本人が「台風」と呼ぶ熱帯低気圧には、世界の地域ごとにさまざまな呼び方がある。日本をふくむ北西太平洋・アジアでは「台風」または「タイフーン」、アメリカなどでは「ハリケーン」、イギリスなどでは「サイクロン」と呼ばれている。台風の語源はアラビア語、ギリシャ語、中国語などの諸説がある。中国語の「颱風」の表記が日本でも戦後まで使われていたが、いまでは略字の「台風」が使われている。また英語のタイフーンも中国語にもとづくとされている。

台風による風が沖から海岸に向かって吹くと、海水は海岸に吹き寄せられて海面の上昇が起こる。この「吹き寄せ効果」と、気圧が低くなることによる海面の上昇が重なり、高波が海岸に打ち寄せる「高潮」が発生する。

延宝八年（一六八〇）閏八月六日、江戸時代最大といわれる台風が襲来し、中国地方から東海、関東、東北の広い範囲に大きな被害が出た。このとき江戸では、午前八時頃から一〇時にかけて風雨が最も激しくなり、三四二〇軒の建物が倒壊し、本所深川では七〇〇余人が溺死した。南遠州（静岡県南西部）の横須賀から浅羽にかけての海岸地帯では六〇〇〇戸の家屋が流失し、潮が強く当たった東同笠《ひがしどうり》・大野新田・中新田・今沢新田では、老若男女約三〇〇人が溺れ死んだという。

命山（上）ときぼうの丘（下）（静岡県袋井市）

大野新田と中新田では、延宝の高潮で生き残った人々が高潮の際の避難所として山を築いた。南を遠州灘、東を弁財天川、北を入り江と三方を水に囲まれた二つの集落は、同笠に住んでいた人々が開いた村で、同笠の鎮守だった寄木大明神を分祀する。大野新田、中新田とも鎮守社は、村の乾（北西）の方角の村外の微高地に位置し、地の神の役割を果たしていたとみられる。これに対して築山は、集落の中央に来るように、計画的に場所が定められた。ある時期の高潮のとき、「村の者共この山へ登り、一両日居り、対岸の田町や大工町で食料を揃え、小舟で三番町西の田から漕いで運び助かった」という。築山は村人の命をなんども救い、「命山」と呼ばれるようになった。

袋井市中新田地区には、平成二八年（二〇一六）三月に、現代工法による津波一時避難場所「きぼうの丘」が建設された。〝平成の命山〟と別称されるこの人工の丘は、市内で二か所目となり、とくに中新田地区では新旧の命山がほど近く、好対照となっている。

†風炎と竜巻

風による気候現象のなかで、特殊なものとして「フェーン」と「竜巻」が挙げられる。日本を襲うフェーン現象は太平洋岸から日本海側に吹きおろす場合が多く、火災を起こしやすい。こうしたフェーンに「風炎」の字を当てたのは気象学者の岡田武松だった。

春先に飛騨山地を越え、砺波平野に吹き下ろす南風は、山麓ほど強く、風速三〇メートルを越すことがある。南砺市井波地区を中心に三月から四月に多く吹くフェーンは「井波風」と呼ばれ、乾燥した風が長時間にわたって吹き荒れるため、大火になりやすい。また台風が日本海に入った場合にも、井波風が強く吹く。酷暑の真夏に吹くフェーンは高温をもたらし、明治四二年（一九〇九）八月六日に新潟市で三九・一度、昭和八年（一九三三）七月二五日に山形市では四〇・八度と、日本の歴史的な高温が本州の日本海側で記録されている。

庄川と小矢部川がつくった複合扇状地である砺波平野には、網の目のように張りめぐらされた用水路で開発された水田が広がる。この水田地帯に点散する農家は、杉をはじめとする樹々で仕立てられた「カイニョウ」と呼ばれる屋敷森《やしきもり》に囲まれている。カイニョウは春の強い南風を防ぎ、また夏の暑さをやわらげ冬の強い季節風や吹雪から家を守る役割を果たす。防風林としての杉やアテ（アスナロ）・ケヤキなどは、成長すると建築用材になり、枝や落葉は燃料として用いられている。屋敷森は、春に吹く強い南風を防ぐため、南側が最も厚くされる。

積乱雲や積雲に伴って発生する「竜巻」は、旋風が海水を空へ巻き上げるようすを、竜が天に昇るものとみるところからこの名がついたとみられる。九州では竜巻のことを「エーノー」「エーノイオ」などと呼び、天から海水を吸いあげるという。これを避けるために腰巻を棒にくくりつけて振るところもあった。橘南谿《たちばななんけい》の『東遊記』によると、東海道の興津《おきつ》のあたりで竜巻が起こり、船中の人々が恐れて頭髪を切って火に焼き、その臭気でこれを退けた。これは竜巻の正体を蛇とみたためだったと考えられる。新潟県の魚沼地域で旧暦五月六日におこなう「鎌祭」の日は、地域の村々では代掻きや機織を禁じた。しかしその禁を犯せば竜巻が起こり、作物に害をなすという。

†風に弱い作物、強い作物

作物には、風に弱い作物と強い作物があり、その特性に応じて栽培に配慮されてきた。果樹は農産物のなかでもとくに風害に弱く、開花期、成熟期に台風がくると被害が大きく、たとえばミカンとリンゴは収穫期が主として秋であるため台風の被害を受けやすい。このため台風シーズン以前に収穫ができる早生種の果実を栽培し、風害を避けるような工夫がされてきた。

水稲は開花期に強い風を受けると受粉ができず、収穫期だと実が落ちたり、穂が倒れて機械が使えなくなる。また洪水により水没することもある。そこで風水害が多発する九月以降の時期を避け、早めに水稲を栽培する「早場米《はやば》」が作付けされてきた。各地にある「早稲田」という地名は、早生種を植えて苦労してきた証である。穀物のなかで最も生育期が短いソバは、縄文時代早期から、飢饉のときに食べる「救荒作物」とされてきた。日本では六五~七五日間で実が熟れるものの、ソバの実は強風に遭うと実が落ちてしまう。秋ソバの開花期や収穫期は台風のシーズンと重なるため、風害を受けやすく、六、七月に収穫する夏ソバにはこうした心配はないが、秋ソバよりも味が落ちるといわれる。

台風など暴風雨に強い作物は、サツマイモ（甘藷《かんしょ》）、サトイモ（里芋）や落花生（地豆《じまめ》）など、背丈が低く、地下茎が主要な収穫部分になっているものである。

サツマイモは穀物の中でカロリーが米より高い作物として知られている。火山灰土のような痩地でもよく成育することから、江戸時代の飢饉の際には「救荒作物」として、ヒエやソバ、ジャガイモなどとともに栽培されてきた。サツマイモは一七世紀、中国から琉球、さらに薩摩に伝えられ、そこから全国各地に伝播されたことから、唐芋《からいも》、琉球芋などと呼ばれているが、正式には甘藷（中国では甘薯）という。サツマイモの栽培は、南九州の鹿児島県、宮崎県、長崎県に多い。このほかサトイモやサトウキビ、落花生や茶も風に強いことから、風害常襲地の重要な商品作物となっている。

†三陸地方のヤマセ

風による最大の災害は飢饉だった。飢饉はさまざまな原因で起こるものだが、東北地方で吹く「ヤマセ」は繰り返される飢饉のもとになってきた。

ヤマセ（山背）は、東北地方の太平洋岸に六月から八月にかけて吹く東風、もしくは北東風のことである。ヤマセが吹くと、内陸部で三度以上、三陸海岸では四〜五度も気温が下がる場合がある。七月に入っても降霜があり、農作物に凍霜害を与える。ヤマセは、一度吹き始めると三〜七日間持続する。また三陸海岸は夏になると気温が水温より高くなるため、海霧がよく発生する。ヤマセはまた「ケカジ風」「ケカチ風」などと呼んで恐れられてきた。ケカチは「飢渇」と書き、飢饉の意味である。

岩手県の大部分と青森県の東部、さらに秋田県鹿角《かづの》地方を支配した南部藩領では、慶長五年（一六〇〇）から慶応三年（一八六七）までの二六八年間に八五回におよぶ凶作があった。そのうち水害によるものは五回だけで、ヤマセなどの冷温や長雨などによるものが不作（四分の一の減収）二八回、凶作（二分の一の減収）三六回、大凶作（四分の三の減収）一六回となっている。凶作や大凶作になると、食糧事情は深刻になり、飢饉に陥る。

とくに「天明の大飢饉」（一七八三～八七年）、「天保の大飢饉」（一八三三～三八年）は被害が大きく、深刻なものだった。天明三年（一七八三）には九六パーセントの大減収になり、八戸藩の百姓の五八パーセントに当たる三万一〇一五人が餓死と疫病死、もしくは逃散した。死人が出ると人喰がやってきて、死体を切りとって持ち去り、肉を鍋で煮て食べたと、岩手県の最北端、九戸郡軽米村の大庄屋だった元屋《もとや》の「萬《よろず》日記」に記されている。この惨状については菅江真澄も記録し、牙の生えた鬼が人肉を食べているスケッチが描かれている。近代に入っても明治三五年（一九〇二）、明治三八年（一九〇五）には大凶作が続いた。

形のない風とのつきあいはあらゆる民族が頭を悩ましてきたものである。日本列島に住む人々も風には難儀し、克服しようとしてきたのである。先述したように飢饉は風害だけが原因で起こるものではない。火山の噴火、河川の氾濫、地震といった災害が複合的に重なり合い、また政治的、社会的、経済的背景も影響して、あまりにも多くの人々を飢えと死にいたらしめてきた。そしてこうした複合的要因による飢餓状態は、日本列島ではほぼ克服されたものの、世界的視野で見るとき現在もどこかで起こっているのである。

終章　災害と文化――「悔恨」を継承するために

†コミュニティと災害文化

災害工学研究者の室崎益輝《むろさきよしてる》は、共編著『市町村合併による防災力空洞化――東日本大震災で露呈した弊害』で、地域の紐帯の希薄化が災害文化の低下を招くと指摘する（「第六章　防災の原点としての自治と連携」）。

市町村の合併や広域化によって、それまで続いてきた地域としてのまとまりが、ミクロな関係性からマクロな関係性にとって替わられ、崩壊することが多い。伝統的な「講」（宗教や経済などをもとに集まった人々が結ぶ集団）や「結い《ゆ》」（多大な費用や労力を必要とする作業を共同でおこなう制度）のような、社会構造と経済構造が一体となった地域システムが壊れると、地域の自治や住民の自治が綻び、人のつながりも損なわれてしまう。市町村の合併は人口の流動を引き起こし、周辺部から中心部への流出が起きてコミュニティを弱めることにもなる。

東日本大震災の被災地では、震災以前から地域の紐帯が希薄化していたので、コミュニティの分断や崩壊も顕著だったという。紐帯が脆いと合意の形成が進みにくく、復興も容易ではない。地域における人と人との絆は、地域に密着したガバナンスから生まれるものだが、地域性を考慮しない合併が、絆を破壊していることを見逃してはならないと室崎は訴える。

室崎はさらに、人と人の関係の崩壊は紐帯性の低下をもたらす一方、人と風土の関係の崩壊は文化性の低下をもたらすという。地域に密着して育まれてきた神社の祭礼は、収穫を祝うとともに、防災訓練の性格も持つものだった。日本の多くの地域では祭礼を通して、非常時に必要なチームワークを醸成し、減災に必要なロープワークなどの技能を磨いてきたという。


……風の強い日には高所に見張りを立てる、お年寄りの誕生日には村ぐるみで集まって祝う、わら葺屋根の葺き替えは地域の共同作業として行う、といった慣習が地域の防災力を維持してきた。災害の防止と被害の軽減につながる、暮らしの知恵や慣習あるいは儀式や様式である「災害文化」が、広域化で壊れてしまう。

本書でもここまで、せっぱつまった工夫や素朴な知恵によって減災や復興に取り組んできた人々のことを描いてきたつもりである。「天明の浅間焼け」後の鎌原村で身分を排して村の再建を果たそうとした村人の苦渋、堤防に石を捨て自分の村の側を高くするという輪中の住人の涙ぐましい努力も、継承すべき貴重な災害文化だろう。

こうした災害文化のひとつに「地名」も挙げることができるだろう。

地形や歴史に基づき、ある場合には災害の記憶を継承するために名づけられた地名も、平成の市町村の合併や広域化により失われていった。土砂災害そのものを表わし、また地名にもなった「蛇抜《じゃぬけ》」や「蛇崩《じゃくずれ》」、広島の八木地区をずっと見てきた「蛇落地《じゃらくじ》」の観世音菩薩像のことも思い起こさずにいられない。災害が起こるたび地名と地形への関心が高まり、「災害地名本」が発売されて注目を浴びる。しかし一過性のブームにとどまり、ほんとうに心にとめておく人はそれほど多くはないようだ。

†「文化財」としてのあり方

「白砂青松」と美観を称えられ、防風林、防砂林としての役割も担ってきた列島沿岸に植えられた松林も、災害文化のひとつといえる。静岡県静岡市の三保松原が、ユネスコの世界文化遺産「富士山――信仰の対象と芸術の源泉」の構成資産になっているのをはじめ、文化的景観と認められて、「日本の白砂青砂100選」も選定されている。「100選」のひとつ、岩手県陸前高田市の高田松原の一本の松は、大津波に流されなかったことから「奇跡の」と冠せられ、大きく取り上げられることとなった。しかしこの松は津波から数か月後に根腐れを起こして枯れてしまう。その後は、震災復興の象徴として保存されることになり、防腐処理や補強が施され、モニュメントとして「再生」された。

海辺の松林が津波や高潮を防ぎ、集落を護る効果については疑問視する向きもある。高田松原でもほとんどの松が流出したように、根が浅いことから大津波や高潮には耐えきれない。根こそぎ流された樹幹や樹根が、人や建築に対する凶器になるという指摘もある。

津波や高潮を防ぐために築かれた堤防が、防災、減災の文化財として位置づけられている例としては、山梨県の信玄堤や和歌山県の広村堤防を本篇で紹介した。また、その威容と事業規模の大きさから「万里の長城」と異名をとった、岩手県宮古市田老地区の大防潮堤も三陸沿岸の災害文化を代表してきた。

田老は津波の常襲地域で、この珍しい地名についても、津波がなんども襲い、水田が荒れ果てて「田が老いた」という由来や、繰り返し津波を受けたため、恐ろしさを知る老人だけが生き残り「多老」と呼ばれ、それが「田老」になったという由来が説かれている。

慶長一六年（一六一一）の慶長三陸地震津波、明治二九年（一八九六）の明治三陸津波、昭和八年（一九三三）の昭和三陸津波と、記録に残る津波のたび、田老は壊滅的な被害を受けた。明治三陸津波の後には、危険地帯の全集落を高台に移動することが計画されたが、移転の効果を疑問視する声も多く、海に近い平地に再び集落が作られた。昭和三陸津波後にも、内務省と岩手県による復興案は集落の高所移転だったが、当時の田老村長らは防潮堤の建造を中心に据えた復興策を選んだ。

昭和九年（一九三四）に建設工事が開始され、昭和四一年に最終的な完成をみたこの大防潮堤は、総延長二四三三メートルのX字型の堤防が、市街を城壁のように取り囲む壮大なものだった。昭和三五年に襲来したチリ地震津波では、三陸沿岸のほかの地域では犠牲者が出たのにもかかわらず、田老に押し寄せた津波は三・五メートルの高さにとどまり、堤防に達することもなかった。しかし、田老で被害がほとんどなかったのは、大堤防の効果だったと報道されたことにより、大防潮堤は海外の津波研究者にも注目されるようになる。

昭和三陸津波七〇周年にあたる平成一五年（二〇〇三）三月三日に、田老は「津波防災の町」を宣言した。

……田老は、昭和一九年、津波復興記念として村から町へと移行、現在まで津波避難訓練を続け、また、世界に類をみない津波防波堤を築き、さらには最新の防災情報施設を整備するに至りました。

私たちは津波災害で得た多くの教訓を常に心に持ち続け、津波災害の歴史を忘れず、近代的な設備におごることなく、文明と共に移り変わる災害への対処と地域防災力の向上に努め、積み重ねた英知を次の世代に手渡していきます。

宣言文にあるとおり、この地区は防潮堤にばかり依存してきたわけではない。田老出身の田畑ヨシの紙芝居「津波てんでんこ」を使った防災教育や、避難訓練にも力を入れてきた。

平成二三年（二〇一一）の東日本大震災の影響に伴い発生した津波は、午後三時二五分に田老地区に到達した。海側の防潮堤は約五〇〇メートルにわたって一瞬で倒壊し、市街中心部に進入した津波のため、市街は全滅状態となった。死者・行方不明者は、地区の人口四四三四人のうち二〇〇人近くに及んだ。

田老では震災後、防潮堤の修復とともに、高所移転を中心にした復興が進んでいる。また津波で廃墟と化した「たろう観光ホテル」が、震災遺構として保存されることになった。東日本大震災後には、津波被害の痕跡をとどめる建造物などを、「負の遺産」として残すべきかどうかが各地で検討された。防災、減災がかなわなかった技術と経験を記憶し、記録する記念碑というべき震災遺構については、それにまつわる「物語」をどのように継承していくべきか、持続的な課題にしていく必要があるだろう。

柳田国男は昭和六年（一九三一）に刊行した『明治大正史世相篇』で、風俗の変化や流行の盛衰により、日本人の感情がどのように変化したか、あるいは変化しなかったかを捉えようとした。その最後はこのように結ばれている。

歴史は多くの場合において悔恨の書であった。あの際ああいう事をしなかったら、こうも困らずにいられたろうという理由が発見せられ、それがもう完結して後の祭となっているのであった。しかるに明治大正の後世に誇ってもよいことは、これほど沢山の煩雑なる問題を提供しておきながら、まだ一つでも取返しの付かぬ程度にまで、突き詰めてしまわずに残してあった点である。我々が自由にこれを論評して、訂正のできる余地の十分あることである。

明治や大正が抱えた問題について柳田はこのように書いた。柳田の認識は、昭和や平成でもまだあてはまるだろう。言うならば「悔恨」の継承の仕方は、つねに問われ続けなければいけないのである。

†災害は弱者を襲う

全一五章からならる『明治大正史世相篇』の第一二章「貧と病」にも、災害に関する叙述がある。

田舎で貧窮の情ないものだということを、人が最も適切に感じ知るのは、火事や風水害などの天災の場合であったが、それを自ら経験しなければならぬ者には、たいていはもう間に合わなかった。天災が不意に多くの窮民を出すことは事実であっても、予防はしきれぬのみならず、原因はもう一つ奥に前からあったのである。だから事変が過ぎてからの救恤《きゆうじゆつ》は、通例は第二番目の不幸な者を扶助することとなり、それもわずかにその次に起る災害の際に、最も多く悩むべきものを残すという程度にとどまっていた。

災害の苛酷がとくに、貧しいものや弱いものを襲うことは、柳田が近世・近代の常民の感情のありようを見つめて、また関東大震災の経験を踏まえて、改めて認識したことだった。平成七年（一九九五）の阪神・淡路大震災以降、災害のたびによく見かけるようになった「災害関連死」は、現在でも、弱者がその対象になる場合が多いことを示している。災害関連死は、一般的には家屋の倒壊や津波など直接的な被害ではなく、避難生活の疲労や環境の悪化などから病気にかかったり、持病が悪化したりするなどして死亡することと理解されている。こうした事例は、近年数値化されるようになっただけで、災害に伴う孤独死や自殺は以前から起こっていたものだろう。

阪神・淡路大震災では、兵庫県の死亡者総数六四〇二人のうち、災害関連死は九一九人、約一四パーセントだった。神戸市などが計一七人の自殺者を関連死と認定し、弔慰金の支給対象としたが、政府は災害死とは認めず、全六四三四人と公表した死者数に含めていない。新潟県中越地震では、六八人の死亡者のうち五二人、約七六パーセントが災害関連死だった。この地震では、車中の避難者が下肢静脈血栓症・肺血栓症を発症して死亡した。車中での避難生活から、こうしたいわゆる「エコノミークラス症候群」を発症する例は、平成二八年（二〇一六）の熊本地震でもみられた。

東日本大震災では、平成二四年（二〇一二）三月三一日までに一六三二人の関連死が報告された。死亡原因は、「避難所等における生活の肉体・精神的疲労」が約三割、「避難所等への移動中の肉体・精神的疲労」が約二割、「病院の機能停止による初期治療の遅れ等」が約二割で、自殺者は一三人だった。

熊本地震でも関連死に関する報道は多い。「関連死の認定待ち125人　仮設住宅94％完成」（「くまにちコム」二〇一六年一〇月一四日）という記事では、熊本県によると一三日現在、この一か月間の認定で震災関連死が一二人増加し、「直接死」は五〇人、「関連死」

五五人となり、直接死を上回った。認定の可否を待つ人は現時点で少なくとも一二五人に上る。「今後生じかねない関連死も含め、人的被害がどこまで広がるかは見通せない」という。また認定五五人に対し却下が一七人で、申請者のうち一二五人が首長の判断に至っていない。

こういう大きな災害に生き残った者に対しては、昔とても十分な救済が与えられていた。ことにこれを恢復しようとした郷党の努力には、戦時も及ばぬほどの熱心なる協同があり、この困苦を共にした記念が、また新たに隣保の情誼《じょうぎ》を深めているのである。

柳田はここで、災害による被害の多様化と、かつての災害では相互扶助が働いていたことを述べている。しかし、二一世紀の日本においては、被害者たちは分断され、共同体からも疎外され、孤立しているのである。

†「行方不明者」の行方

前掲の『市町村合併による防災力空洞化』で、哲学者の内山節《うちやまたかし》は、日本の社会、地域を構成する関係は、生きている人間同士の関係だけでできているのではなく、自然との関係や死者との関係も存在しているという（第七章「地域・自治概念の再検討」）。

伝統的に日本の社会は、自然と生者と死者を含む人間の社会だった。しかし現在では自然とともにこの社会をつくっていると感じられる仕事や暮らしをしている人は少なく、多くの人にとって、自然は遠い存在になったにもかかわらず、「自然が支えているからこそこの社会も成立していると感じる」と内山はいう。さらに内山は、長い時間とともに受け継がれてきてこの社会の基層的な精神となっている「自然へのまなざし」や「死者への視点」は、簡単には消え去らないと述べる。こうした「自然」のなかには、「気象」や「天災」も当然含まれるだろう。雨や風、地震津波、火山の噴火や山崩れといった災害も、静まるように呼びかけていたとおり、自然現象を越えた共同体の一員として、日本人は遇してきたのである。

さらに、死者を関係性に含まない「地域」も、日本では存在してはこなかった。柳田国男は、『山の人生』（一九二五年）で、死者の魂にかんして、このような興味深い認識を示している。

不在者の生死ということは非常に大きな問題であった。どうせないのは同じだと、言ってすませるわけにはいかなかった。生者と死者とでは、これに対する血縁の人々の仕向けが、正反対に異ならねばならなかったからである。生きている者の救済も必要ではあるがこれはおもむろに時節を待っていることもできる。これに反して死者は魂が自由になって、もう家の近くに戻って来ているかも知れぬ。処理せられぬ亡魂ほど危険なものはなかった。

熊本地震で起こった「物語」のなかで、多くの人の心を揺さぶった出来事がある。熊本県阿蘇市の大学四年生の男性が行方不明になり、家族が独自に捜索を続け、遺体の発見に至ったというものであった。男性が安否不明となった四月一六日の本震発生から約半月後の五月一日、家族は県から捜索の終了を告げられ、その後は自分たちで男性を捜し続けた。家族の姿をテレビで見て、現場を訪れ協力した人が現れたり、自宅には全国から励ましの手紙が届いたという。

津波を伴わない内陸部での地震だった熊本地震では、長期間、安否が不明だったのはこの男性一人だった。しかし、東日本大震災における行方不明者は、地震発生から一か月弱の四月五日で一万五三四七人、平成二八年一〇月現在でも二五〇〇人を超えていることを忘れるわけにはいかない。この家族と同じように苦しんだ数多くの家族や友人がいたし、現在もまだいる。

いまも三陸の沿岸では、嵩上げ工事が進み、多くの海岸に防潮堤が建設中である。その一方で、行方不明者の帰還を待ち望んでいる人々がいる。そして死者の魂はこれから、防潮堤を超えて、集落を目指そうとすることになるだろう。防災や減災について、自然や死者とともに考えること。日本人が災害と付き合うなかで持続してきた、慣習や感情を見つめ直すときが、いままたきている。災害を抜きにした、日本人の民俗史や社会史は、過去はもちろん、これからもありえないのだから。

あとがき

この本は平成二三年（二〇一一）から私が取り組んできた「災害民俗学」のひとつの区切りとして書いたものである。

これまでの民俗学者が、災害をどのように扱ってきたかを『柳田国男と今和次郎』で探り、『災害と妖怪』と『津波と観音』は災害フォークロアの発掘と検証にあてた。『先祖と日本人』は少し角度を変えて、戦争や災害が生んだ表現や思想についての考えをめぐらせている。

一冊の本を書くことは、素朴な言い回しだけれど、発見と再発見の刺激に満ちている。この本でも従来どおり、柳田国男と宮本常一の民俗学にはずいぶんとお世話になった。また今和次郎の仕事も書いているあいだじゅう、ずっと頭にあった。そして、宮本常一の民俗学の基層は民衆史であり、今和次郎の考現学の根底は民俗学であることを再認識した次第である。

災害民俗学の区切りとはいうものの、これまであまり参照してこなかった学問領域の成果に触れたことも、今回の本の目新しい点かもしれない。なかでも宮村忠氏、大熊孝氏、高橋裕氏といった方々が取り組まれてきた河川工学の知見は大きな支えになった。とくに宮村氏の『水害』には民俗の領域に属する知恵や工夫、民衆の苦難が描かれていて、感動を禁じ得なかった。災害民俗学と防災工学を架橋した、「民俗工学」とでもいうべきものがあり得るのではないかと、いま考えているところである。また市川健夫氏の『風の文化誌』は人文地理学の立場から書かれているが、自然地理学も含めた地理学の研究成果にも目を向けていくことは今後の課題としたい。

災害の経験を活かして防災に役立たせるためには、理系と文系が手を携える必要があることは言うまでもない。しかし文系のなかでも「民俗学」はどこか孤立しているように感じられる。信仰や民間伝承、神や妖怪に言及しながら災害を語ることは、非科学的なことだと思われているからであろうか。そうした誤解を少しでも解くことが本書の狙いのひとつでもあったが、実現できているかどうか、感想を待ちたい。

本書でもうひとつ私が積極的に取り入れたのは文学表現の領域である。小説や随筆における災害という主題、あるいは作家たちが実際に経験した災害がいつとは知らず視野に入ってきていた。堀辰雄や幸田文、そして山本周五郎らの作品は、誤解を恐れずに言えば、災害によって生み出された豊饒な世界である。

最後に、福谷昭二氏と広島市安佐南区役所市民部地域起こし推進課の宮田浩二氏には、広島市八木地区の取材でたいへんお世話になった。この場を借りてお礼を申し上げます。ちくま新書編集部の河内卓氏からは、編集担当者として、企画段階から懇切な助言をいただいた。ありがとうございました。

日本列島で、あるいは世界のどこででも、天災による被害が少しでも減り、防がれていくことを切に願いつつ。

二〇一七年一月

畑中章宏

参考文献・引用文献

序章　天災と国民性

小泉凡「小泉八雲（Lafcadio Hearn）を現代に生かす」『東西学術研究所紀要』第四六輯、関西大学東西学術研究所、二〇一三年

小泉八雲『ラフカディオ・ハーン著作集第五巻　東西文学評論その他』斎藤正二他訳、恒文社、一九八八年

笹本正治『天竜川の災害伝説』建設省中部地方建設局天竜川上流工事事務所、一九九三年

福沢諭吉『文明論之概略』松沢弘陽校注、岩波文庫、一九九五年

第一章　水害

赤松宗旦『利根川図志』柳田国男校訂、岩波文庫、一九三八年

磯田道史『天災から日本史を読みなおす――先人に学ぶ防災』中公新書、二〇一四年

大熊孝『増補 洪水と治水の河川史――水害の制圧から受容へ』平凡社ライブラリー、二〇〇七年

大河内智之「遊行する救済者長谷観音　錫杖を持つ本尊の謎に迫る」『週刊仏教新発見一七　長谷寺・智積院』朝日新聞社、二〇〇七年

大島建彦編著『アンバ大杉信仰』岩田書院、一九九八年

大島建彦『アンバ大杉の祭り』岩田書院、二〇〇五年

大矢邦宣監修『別冊太陽　日本のこころ　みちのくの仏像――東北のカミとなった仏たち』平凡社、二〇一二年

木村久邇典『山本周五郎――青春時代』福武文庫、一九九〇年
倉石忠彦『道祖神信仰論』名著出版、一九九〇年
幸田文『ふるさと隅田川』金井景子編、ちくま文庫、二〇〇一年
五来重『山の宗教――修験道案内』角川ソフィア文庫、二〇〇八年
五来重『西国巡礼の寺』角川ソフィア文庫、二〇〇八年
笹本正治『蛇抜・異人・木霊――歴史災害と伝承』岩田書院、一九九四年
志木まるごと博物館河童のつづら編『水塚の文化誌――志木市・宗岡 荒川下流域の水とくらす知恵』NPO法人エコシティ志木、二〇一一年
白洲正子『十一面観音巡礼』講談社文芸文庫、一九九二年
白洲正子『西国巡礼』講談社文芸文庫、一九九九年
須田瀧雄『岡田武松伝』岩波書店、一九六八年
瀬田勝哉『増補 洛中洛外の群像――失われた中世京都へ』平凡社ライブラリー、二〇〇九年
高谷重夫『雨乞習俗の研究』法政大学出版局、一九八二年
高橋富雄「大和長谷寺と東北長谷寺――長谷信仰の心をさぐる」『白い国の詩 民俗編』東北電力、一九八八年
高橋裕『川と国土の危機――水害と社会』岩波新書、二〇一二年
田辺三郎助責任編集『図説日本の仏教第六巻 神仏習合と修験』新潮社、一九八九年
谷川健一『列島縦断 地名逍遥』冨山房インターナショナル、二〇一〇年
谷川健一編『地名は警告する――日本の災害と地名』冨山房インターナショナル、二〇一三年
東京新聞「荒川」取材班・井出孫六『荒川新発見』東京新聞出版局、二〇〇二年
中沢新一『ミクロコスモスⅡ』四季社、二〇〇七年

長谷川公茂『円空――微笑みの謎』新人物往来社、二〇一二年
畑中章宏『災害と妖怪――柳田国男と歩く日本の天変地異』亜紀書房、二〇一二年
速水侑『観音信仰』塙選書、一九七〇年
速水侑編『民衆宗教史叢書第七巻　観音信仰』雄山閣、一九八二年
広島市役所編『佐東町史』広島市、一九八〇年
堀辰雄『堀辰雄全集第六巻　幼年時代』角川書店、一九六四年
松谷みよ子『龍の子太郎』講談社青い鳥文庫、一九八〇年
宮村忠『改訂　水害――治水と水防の知恵』関東学院大学出版会、二〇一〇年
宮本常一『宮本常一著作集10　忘れられた日本人』未來社、一九七一年
柳田國男『柳田國男全集5』ちくま文庫、一九八九年
柳田國男『柳田國男全集6』ちくま文庫、一九八九年
柳田國男『故郷七十年』神戸新聞総合出版センター、二〇一〇年
山田邦和『日本中世の首都と王権都市――京都・嵯峨・福原』文理閣、二〇一二年
山本周五郎『山本周五郎長篇小説全集第五巻　柳橋物語・むかしも今も』新潮社、二〇一三年
山本周五郎『山本周五郎長篇小説全集第一一巻　ながい坂（上）』新潮社、二〇一四年
山本周五郎『山本周五郎長篇小説全集第一二巻　ながい坂（下）』新潮社、二〇一四年
山本周五郎『山本周五郎長篇小説全集第一三巻　五瓣の椿・山彦乙女』新潮社、二〇一四年
渡邊裕之他『水屋・水塚――水防の知恵と住まい』ＬＩＸＩＬ出版、二〇一六年

第二章　地震と津波

Ｃ・アウエハント『鯰絵――民俗的想像力の世界』小松和彦・中沢新一・飯島吉晴・古家信平訳、岩波文

庫、二〇一三年
今村明恒『「稲むらの火」の教方に就て』震災予防評議会、一九四〇年
今村明恒『地震の国』文藝春秋新社、一九四九年
尾池和夫『俳景――洛中洛外・地球科学と俳句の風景』宝塚出版、一九九九年
尾池和夫『四季の地球科学――日本列島の時空を歩く』岩波新書、二〇一二年
北原糸子『日本災害史』吉川弘文館、二〇〇六年
北原糸子『日本震災史――復旧から復興への歩み』ちくま新書、二〇一六年
黒田日出男『龍の棲む日本』岩波新書、二〇〇三年
小泉八雲『日本の心』平川祐弘編、講談社学術文庫、一九九〇年
高清水康博「北海道における津波に関するアイヌの口碑伝説と記録」『歴史地震』第二〇号、二〇〇五年
高世仁・吉田和史・熊谷航『神社は警告する――古代から伝わる津波のメッセージ』講談社、二〇一二年
都司嘉宣・山本賢「地震神としての鹿島信仰」『歴史地震第八号』歴史地震研究会、一九九二年
都司嘉宣『千年震災――繰り返す地震と津波の歴史に学ぶ』ダイヤモンド社、二〇一一年
都司嘉宣他『千年に一度の大地震・大津波に備える――古文書・伝承に読む先人の教え』静岡県文化財団、二〇一二年
寺田寅彦『天災と日本人――寺田寅彦随筆選』山折哲雄編、角川ソフィア文庫、二〇一一年
寺田寅彦『地震雑感・津浪と人間――寺田寅彦随筆選集』千葉俊二・細川光洋編、中公文庫、二〇一一年
寺田寅彦『怪異考・化物の進化――寺田寅彦随筆選集』千葉俊二・細川光洋編、中公文庫、二〇一二年
野本寛一『自然災害と民俗』森話社、二〇一三年
畑中章宏『津波と観音――十一の顔を持つ水辺の記念碑』亜紀書房、二〇一三年
日高真吾編『記憶をつなぐ――津波災害と文化遺産』千里文化財団、二〇一二年

古沢広祐責任編集・國學院大學研究開発推進センター編『共存学2――災害後の人と文化、ゆらぐ世界』弘文堂、二〇一四年
保立道久『歴史のなかの大地動乱――奈良・平安の地震と天皇』岩波新書、二〇一二年
南方熊楠『南方熊楠コレクション5　森の思想』中沢新一責任編集、河出文庫、二〇〇九年
宮田登『終末観の民俗学』ちくま学芸文庫、一九九八年
宮田登『江戸のはやり神』ちくま学芸文庫、一九九三年
宮田登・高田衛監修『鯰絵――震災と日本文化』里文出版、一九九五年
柳田國男『柳田國男全集2』ちくま文庫、一九八九年
山口弥一郎『津浪と村』石井正己・川島秀一編、三弥井書店、二〇一一年
山下文男『君子未然に防ぐ――地震予知の先駆者今村明恒の生涯』東北大学出版会、二〇〇二年
山下文男『津波てんでんこ――近代日本の津波史』新日本出版社、二〇〇八年

第三章　噴火・山体崩壊

幸田文『崩れ』講談社文庫、一九九四年
島村英紀『火山入門――日本誕生から破局噴火まで』NHK出版新書、二〇一五年
菅江真澄『菅江真澄全集第九巻　民俗・考古図』内田武志・宮本常一編、未來社、一九七三年
都司嘉宣『富士山噴火の歴史――万葉集から現代まで』築地書館、二〇一三年
新田次郎『怒る富士』上・下巻、文春文庫、二〇〇七年
根岸鎮衛『耳嚢』上、長谷川強校注、岩波文庫、一九九一年
平山次郎・市川賢一「1000年前のシラス洪水――発掘された十和田湖伝説」『地質ニュース』四月号、一九六六年

益田勝美『火山列島の思想』講談社学術文庫、二〇一五年
宮本常一・山本周五郎・揖西光速・山代巴監修『日本残酷物語2　忘れられた土地』平凡社ライブラリー、一九九五年
山と渓谷社編『ドキュメント御嶽山大噴火』ヤマケイ新書、二〇一四年

第四章　雪害・風害

市川健夫『風の文化誌』雄山閣出版、一九九九年
今和次郎『今和次郎集第4巻　住居論』ドメス出版、一九七一年
菅江真澄『菅江真澄全集第三巻　日記Ⅲ』内田武志・宮本常一編、未來社、一九七二年
鈴木牧之編撰『北越雪譜』京山人百樹刪定・岡田武松校訂、岩波文庫、一九七八年
中谷宇吉郎『原本現代訳一〇二　北越雪譜――雪ものがたり』濱森太郎訳、教育社新書、一九八〇年
畑中章宏『雪は天からの手紙――中谷宇吉郎エッセイ集』池内了編、岩波少年文庫、二〇〇二年
古厩忠夫『柳田国男と今和次郎――災害に向き合う民俗学』平凡社新書、二〇一一年
柳田國男『裏日本――近代日本を問いなおす』岩波新書、一九九七年
『柳田國男全集7』ちくま文庫、一九九〇年

終章　災害と文化

宮本常一『宮本常一著作集18　旅と観光』未來社、一九七五年
室崎益輝、幸田雅治編著『市町村合併による防災力空洞化――東日本大震災で露呈した弊害』ミネルヴァ書房、二〇一三年
柳田國男『柳田國男全集26』ちくま文庫、一九九〇年

ちくま新書
1237

天災《てんさい》と日本人《にほんじん》

――地震《じしん》・洪水《こうずい》・噴火《ふんか》の民俗学《みんぞくがく》

二〇一七年二月一〇日 第一刷発行

著　者　畑中章宏（はたなか・あきひろ）

発行者　山野浩一

発行所　株式会社 筑摩書房

東京都台東区蔵前二-五-三 郵便番号一一一-八七五五

振替〇〇一六〇-八-四一二三

装幀者　間村俊一

印刷・製本　三松堂印刷 株式会社

乱丁・落丁本の場合は、左記宛にご送付ください。

送料小社負担でお取り替えいたします。

ご注文・お問い合わせも左記へお願いいたします。

〒三三一-八五〇七 さいたま市北区櫛引町二-六〇四

筑摩書房サービスセンター 電話〇四八-六五一-〇〇五三

ISBN978-4-480-06945-0 C0239

ちくま新書

445
禅的生活
玄侑宗久
禅とは自由な精神だ！　禅語の数々を紹介しながら、言葉では届かない禅的思考の境地へ誘う。窮屈な日常に変化をもたらし、のびやかな自分に出会う禅入門の一冊。

615
現代語訳　般若心経
玄侑宗久
人はどうしたら苦しみから自由になれるのか。言葉や概念といった理知を超え、いのちの全体性を取り戻すための手引を、現代人の実感に寄り添って語る新訳決定版。

886
親鸞
阿満利麿
親鸞が求め、手にした「信心」とはいかなるものか。時代の大転換期において、人間の真のあり様を見据え、新しい救済の物語を創出したこの人の思索の核心を示す。

918
法然入門
阿満利麿
私に誤りはなく、私の価値観は絶対だ――愚かな人間のための唯一の仏教とは。なぜ念仏一行なのか。日本史上最大の衝撃を宗教界にもたらした革命的思想を読みとく。

1081
空海の思想
竹内信夫
「密教」の中国伝播という仏教の激動期に入唐した空海は何を得たのだろうか。中世的「弘法大師」信仰を解体し、空海の言葉に込められた「いのちの思想」に迫る。

1145
ほんとうの法華経
橋爪大三郎
植木雅俊
仏教最高の教典・法華経が、サンスクリット原典から全面改訳された。植木雅俊によるその画期的な翻訳の秘密に橋爪大三郎が迫り、ブッダ本来の教えを解き明かす。

1201
入門　近代仏教思想
碧海寿広
近代日本の思想は、西洋哲学と仏教の出会いの中に生まれた。井上円了、清沢満之、近角常観、暁烏敏、倉田百三らの思考を掘り起こし、その深く広い影響を解明する。

ちくま新書

1210
日本震災史
――復旧から復興への歩み
北原糸子
度重なる震災は日本社会をいかに作り替えてきたのか。有史以来、明治までの震災の復旧・復興の事例に焦点を当て、史料からこの国の災害対策の歩みを明らかにする。

1171
震災学入門
――死生観からの社会構想
金菱清
東日本大震災によって、災害への対応の常識は完全に覆された。科学的なリスク対策、心のケア、霊性、コミュニティ再建などを巡り、被災者本位の災害対策を訴える。

064
民俗学への招待
宮田登
なぜ私たちは正月に門松をたて雑煮を食べ、晴着を着るのだろうか。柳田国男、南方熊楠、折口信夫などの民俗学研究の成果を軸に、日本人の文化の深層と謎に迫る。

1218
柳田国男
――知と社会構想の全貌
川田稔
狭義の民俗学にとどまらない「柳田学」はいかにして形成されたのか。農政官僚から学者へと転身するなかで紡がれた社会構想をはじめ、壮大な知の全貌を解明する。

085
日本人はなぜ無宗教なのか
阿満利麿
日本人には神仏とともに生きた長い伝統がある。それなのになぜ現代人は無宗教を標榜し、特定宗派を怖れるのだろうか？　あらためて宗教の意味を問いなおす。

660
仏教と日本人
阿満利麿
日本の精神風土のもと、伝来した仏教はどのように変質し血肉化されたのか。日本人は仏教に出逢い何を学んだのか。文化の根底に流れる民族的心性を見定める試み。

936
神も仏も大好きな日本人
島田裕巳
日本人はなぜ、無宗教と思いこんでいるのか？　神道と仏教がどのように融合し、分離されたか、その歴史をたどることで、日本人の隠された宗教観をあぶり出す。